AF389155

COMMENTAIRE

THÉORIQUE ET PRATIQUE

DES LOIS ET RÈGLEMENTS

SUR

LE CASIER JUDICIAIRE

ET LA

RÉHABILITATION DE DROIT

DU MÊME AUTEUR

Commentaire théorique et pratique de la Loi sur la répression des violences, voies de fait, actes de cruauté et attentats commis envers les enfants (Loi du 19 août 1899). Un volume in-8...................................... **2 fr.**

De la réparation des erreurs judiciaires, étude de la loi juin du 8 1895. Un volume in-8 (chez Arthur Rousseau, 1896). **4 fr.**

COMMENTAIRE

THÉORIQUE ET PRATIQUE

DES LOIS ET RÈGLEMENTS

SUR

LE CASIER JUDICIAIRE

ET LA

RÉHABILITATION DE DROIT

LOIS DU 5 AOUT 1899 ET DU 11 JUILLET 1900

DÉCRET DU 12 DÉCEMBRE 1899 ET CIRCULAIRE DU 15 DÉCEMBRE 1899

PAR

A. BERLET

Procureur de la République à Baugé.

PARIS

A. CHEVALIER-MARESCQ & Cie, ÉDITEURS

20, Rue Soufflot, 20

—

1900

COMMENTAIRE

THÉORIQUE ET PRATIQUE

DES LOIS

SUR LE CASIER JUDICIAIRE

ET LA

RÉHABILITATION DE DROIT

LOIS DU 5 AOUT 1899 ET DU 11 JUILLET 1900.

I

LOI DU 5 AOUT 1899. — *Journal Officiel* du 7 août 1899.

Article premier. — Le greffe de chaque tribunal de première instance reçoit, en ce qui concerne les personnes nées dans la circonscription du tribunal et après vérification de leur identité aux registres de l'état civil, des bulletins, dits bulletins n. 1, constatant :

1° Les condamnations contradictoires ou par coutumace et les condamnations par défaut non frappées d'opposition prononcées, pour crime ou délit, par toute juridiction répressive ;

2° Les décisions prononcées par application de l'art. 66 C. pén. ;

3° Les décisions disciplinaires prononcées par l'autorité judiciaire ou par une autorité administrative, lorsqu'elles entraînent ou édictent des incapacités ;

4º Les jugements déclaratifs de faillite ou de liquidation judiciaire ;

5º Les arrêtés d'expulsion pris contre les étrangers.

ART. 2. — Il est fait mention, sur les bulletins nº 1, des grâces, commutations ou réductions de peines, des décisions qui suspendent l'exécution d'une première condamnation, des arrêtés de mise en libération conditionnelle et de révocation, des réhabilitations et des jugements relevant de la relégation, conformément à l'art. 16 de la loi du 27 mai 1885, et des décisions qui rapportent les arrêtés d'expulsion, ainsi que de la date de l'expiration de la peine et du payement de l'amende.

Sont retirés du casier judiciaire les bulletins n. 1, relatifs à des condamnations effacées par une amnistie ou réformées en conformité d'une décision de rectification du casier judiciaire.

ART. 3. — Le casier judiciaire central, institué au ministère de la justice, reçoit les bulletins nº 1 concernant les personnes nées à l'étranger, dans les colonies, ou dont l'acte de naissance n'est pas retrouvé.

ART. 4. — Le relevé intégral des bulletins nº 1 applicables à la même personne est porté sur un bulletin appelé bulletin nº 2.

Il est délivré aux magistrats du parquet et de l'instruction, aux autorités militaires et maritimes pour les appelés des classes et de l'inscription maritime, ainsi que pour les jeunes gens qui demandent à contracter un engagement.

Il l'est également aux administrations publiques de l'Etat, saisies de demandes d'emplois publics, ou en vue de poursuites disciplinaires ou de l'ouverture d'une école privée conformément à la loi du 30 octobre 1886.

Les bulletins nº 2 réclamés par les administrations publiques de l'Etat, pour l'exercice des droits politiques, ne comprennent que les décisions entraînant des incapacités prévues par les lois relatives à l'exercice des droits politiques.

Lorsqu'il n'existe pas de bulletin n° 1 au cahier judiciaire, le bulletin n° 2 porte la mention : *Néant*.

Art. 5. — En cas de condamnation, faillite, liquidation judiciaire ou destitution d'un office ministériel prononcée contre un individu soumis à l'obligation du service militaire ou maritime, il en est donné connaissance aux autorités militaire ou maritime par l'envoi d'un duplicata du bulletin n° 1.

Un duplicata de chaque bulletin n° 1, constatant une décision entraînant la privation des droits électoraux, est adressé à l'autorité administrative du domicile de tout Français ou de tout étranger naturalisé.

Art. 6. — Un bulletin n° 3 peut être réclamé par la personne qu'il concerne. Il ne doit, dans aucun cas, être délivré à un tiers.

Art. 7. — Ne sont pas inscrites au bulletin n° 3 :

1° Les décisions prononcées par application de l'art. 66 C. pén. ;

2° Les condamnations effacées par la réhabilitation ou par l'application de l'art. 4 de la loi du 26 mars 1891 sur l'atténuation et l'aggravation des peines :

3° Les condamnations prononcées en pays étrangers pour des faits non prévus par les lois pénales françaises ;

4° Les condamnations pour délits prévus par les lois sur la presse, à l'exception de celles qui ont été prononcées pour diffamation ou pour outrages aux bonnes mœurs, ou en vertu des art. 23, 24 et 25 et 69 C. pén. ;

5° Une première condamnation à un emprisonnement de trois mois ou de moins de trois mois prononcée par application des art. 67, 68 et 69 C. pén. ;

6° La condamnation avec sursis à un mois ou moins d'un mois d'emprisonnement, avec ou sans amende ;

7° Les déclarations de faillite, si le failli a été déclaré

excusable par le tribunal ou a obtenu un concordat homologué, et les déclarations de liquidation judiciaire.

Art. 8. — Cessent d'être inscrites au bulletin n. 3 délivré au simple particulier :

1° Un an après l'expiration de la peine corporelle ou le payement de l'amende, la condamnation unique à moins de six jours de prison à une amende ne dépassant pas 25 francs, ou à ces deux peines réunies, sauf le cas où ces condamnations entraîneraient une incapacité civile ou politique ;

2° Cinq ans après l'expiration de la peine corporelle ou le payement de l'amende, la condamnation unique à six mois ou moins de six mois de prison ou à une amende, ainsi qu'à ces deux peines réunies ;

3° Dix ans après l'expiration de la peine, la condamnation unique à une peine de deux ans ou moins de deux ans ou les condamnations multiples dont l'ensemble ne dépasse pas un an ;

4° Quinze ans après l'expiration de la peine, la condamnation unique supérieure à deux ans de prison.

Le tout sans qu'il soit dérogé à l'art. 4 de la loi du 26 mars 1891 sur l'atténuation et l'aggravation des peines.

Dans le cas où une peine corporelle et celle de l'amende auront été prononcées cumulativement, les différents délais prescrits par le présent article commenceront à courir à partir du jour où ces deux peines auront été complètement exécutées.

La remise totale ou partielle, par voie de grâce, de l'une ou de l'autre de ces peines équivaudra à leur exécution totale ou partielle.

L'exécution de la contrainte par corps équivaudra au payement de l'amende.

Art. 9. — En cas de condamnation ultérieure pour crime ou délit à une peine autre que l'amende, le bulletin n° 3 reproduit intégralement les bulletins n° 1, à l'exception des cas prévus par les §§ 1, 2, 3, 4 de l'art. 7.

Art. 10. — Lorsqu'il se sera écoulé dix ans, dans le cas prévu par l'art. 8. §§ 1 et 2, sans que le condamné ait subi de nouvelles condamnations à une peine autre que l'amende, la réhabilitation lui sera acquise de plein droit.

Le délai sera de quinze ans dans le cas prévu par l'art. 8, § 3, et de vingt ans dans le cas prévu par l'art. 8, § 4.

En cas de contestation sur la réhabilitation, le demandeur pourra s'adresser au tribunal du lieu de son domicile dans les formes et suivant la procédure prescrites à l'art. 14. Le jugement rendu sera susceptible d'appel et de pourvoi en cassation.

Art. 11. — Quiconque, en prenant le nom d'un tiers, aura déterminé l'inscription au casier de ce tiers d'une condamnation, sera puni de six mois à cinq ans d'emprisonnement, sans préjudice des poursuites à exercer pour le crime de faux, s'il y échet.

Sera puni de la même peine celui qui, par de fausses déclarations relatives à l'état civil d'un inculpé, aura sciemment été la cause de l'inscription d'une condamnation sur le casier judiciaire d'un autre que cet inculpé.

Quiconque, en prenant un faux nom ou une fausse qualité, se fera délivrer le bulletin n° 3 d'un tiers sera puni d'un mois à un an d'emprisonnement.

L'art. 462 C. pén. sera dans tous les cas applicable.

Art. 12. — L'étranger n'aura droits aux dispenses d'inscription sur le bulletin n° 2 que si, dans son pays d'origine, une loi ou un traité réserve aux condamnés français des avantages analogues.

Art. 13. — Un règlement d'administration publique déterminera les mesures nécessaires à l'exécution de la présente loi, et notamment, les conditions dans lesquelles doivent être demandés, établis et délivrés les bulletins n° 2, 3, les droits alloués au greffier, ainsi que les conditions d'application de la présente loi aux colonies et aux pays de protectorat.

Art. 14. — Celui qui voudra faire rectifier une mention portée à son casier judiciaire présentera requête au président du tribunal ou de la Cour qui aura rendu la décision.

Le président communiquera la requête au ministère public et commettra un juge pour faire le rapport.

Le tribunal ou la Cour statuera en audience publique, sur le rapport du juge et les conclusions du ministère public.

Le tribunal ou la Cour pourra ordonner d'assigner la personne objet de la condamnation.

Dans le cas où la requête est rejetée, le requérant sera condamné aux frais.

Si la requête est admise, les frais seront supportés par celui qui aura été la cause de l'inscription reconnue erronée, s'il a été appelé dans l'instance.

Le ministère public aura le droit d'agir d'office dans la même forme en rectification de casier judiciaire.

Mention de la décision rendue sera faite en marge du jugement ou de l'arrêt visé par la demande en rectification.

Ces actes, jugements et arrêts seront dispensés du timbre et enregistrés gratis.

La présente loi, délibérée et adoptée par le Sénat et par la Chambre des députés, sera exécutée comme loi de l'Etat.

TRAVAUX PRÉPARATOIRES

Sénat. — Projet de loi sur le casier judiciaire, présenté au Sénat, le **22** octobre 1891 (doc., parl., Sénat, session extraordinaire de 1891, n. 11) — Rapport déposé par M. Jules Godin, le 10 mars 1898 (doc., parl., Sénat, 1898, n° 95). — Première délibération, les 8 juillet 1898 *(Journ. off.* du 9 juillet), 8 et 9 décembre 1898 *(Journ. off.* des 9 et 10 décembre). — Deuxième délibération, les 24 février et 7 mars 1899 *(Journ. off.* des 25 février et 8 mars).

Chambre des députés. — Transmission du projet de loi le 30 mars 1899 *(*doc. parl., Ch. des députés, session de 1899, n° 880). — Rapport déposé par M. Bovier-Lapierre, le 21 juin 1899 (doc. parl., 1899, n° 1042*).* — Adoption après déclaration d'urgence et sans discussion, à la séance du 3 juillet 1899 *(Journ. off.* du 4 juillet). — Promulgation du 5 août 1899 *(Journ. off.* du 7 août).

DÉCRET portant règlement d'administration publique pour l'application de la loi du 5 août 1899 sur le casier judiciaire et sur la réhabilitation de droit.

Du 12 décembre 1899. — *Officiel* du 17.

ARTICLE PREMIER. — Le service du casier judiciaire institué près de chaque tribunal de première instance est dirigé par le greffier du tribunal, sous la surveillance du procureur de la République et du procureur général.

ART. 2. — Le service du casier central institué au ministère de la justice est dirigé par un agent spécial, sous la surveillance du directeur des affaires criminelles et des grâces.

ART. 3. — Un bulletin n° 1 est établi au nom de toute personne qui a été l'objet d'une des décisions énumérées à l'art. 1er de la loi du 5 août 1899.

Le bulletin s'appliquant à une personne pour laquelle

doit exister un bulletin n° 1 antérieur porte la mention manuscrite : Récidive.

Art. 4. — Les bulletins n° 1, constatant une condamnation pour crime ou délit prononcée par une juridiction répressive, une décision rendue par application de l'art. 66 C. pén.; une décision disciplinaire de l'autorité judiciaire, qui entraîne ou édicte des incapacités, une déclaration de faillite ou de liquidation judiciaire, sont dressés par le greffier de la juridiction qui a statué, dans la quinzaine à partir du jour où la décision est devenue définitive.

Le délai de quinzaine pour les décisions par défaut, émanant des juridictions correctionnelles, court du jour où elles ne peuvent plus être attaquées par la voie de l'appel ou du pourvoi en cassation.

Le délai court du jour de l'arrêt, pour les arrêts par contumace.

Art. 5. — Les bulletins n° 1 constatant une décision disciplinaire d'une autorité administrative, qui entraîne ou édicte des incapacités, sont adressés soit au greffe de l'arrondissement d'origine de celui qui en est l'objet, soit au service du casier central, dès la réception de l'avis qui est donné dans le plus bref délai au procureur de la République ou au ministre de la justice par l'autorité qui a prononcé la décision.

Les bulletins n° 1 constatant un arrêté d'expulsion sont dressés au service du casier central sur la notification faite au parleministre de l'intérieur au ministre de la justice ; si l'expulsé est né en France, le service du casier central transmet une copie du bulletin n° 1 au casier judiciaire du lieu d'origine.

Art. 6. — Les bulletins n° 1 et, dans le cas du dernier paragraphe de l'article précédent, les copies des bulletins n° 1 sont classés dans le casier judiciaire d'arrondissement ou dans le casier central par ordre alphabétique et, pour chaque personne. par ordre de date des arrêt, jugement, décision ou arrêté.

ART. 7. — Le greffier du lieu d'origine ou l'agent chargé du service du casier central inscrit sur les bulletins n° 1 les mentions prescrites par l'art. 2 de la loi du 9 août 1899, dès qu'il est avisé.

L'avis est adressé au procureur de la République ou au ministre de la justice dans le plus bref délai et sur des fiches individuelles :

1° Pour les grâces, commutations ou réductions de peine, par le ministre sur la proposition duquel la mesure gracieuse a été prise.

2° Pour les arrêtés de mise en libération conditionnelle et de révocation, par le ministre de l'intérieur ;

3° Pour les arrêts portant réhabilitation et les arrêts et jugements relevant de la relégation, par le procureur général ou le procureur de la République près la juridiction qui a statué ;

4° Pour les décisions rapportant des arrêtés d'expulsion, par le ministre de l'intérieur ;

5° Pour les dates de l'expiration des peines corporelles et l'exécution de la contrainte par corps, par les agents chargés de la direction des prisons et établissements pénitentiaires, et par l'intermédiaire du procureur de la République de leur résidence ;

6° Pour le payement intégral des amendes, par les agents chargés du recouvrement et par l'intermédiaire du procureur de la République de leur résidence.

Les déclarations d'excusabilité en matière de faillite et les homologations de concordat sont également inscrites sur le bulletin n° 1 d'après l'avis qui en est donné par le greffier de la juridiction qui a prononcé.

ART. 8. — Lorsque des conventions diplomatiques ont été conclues à cet effet avec des Etats étrangers, les bulletins n° 1 sont transmis par les soins du service du casier central. Les bulletins n° **1** concernant les étrangers appartenant à ces Etats sont adressés à ce service avec un duplicata.

ART. 9. — Le bulletin n° **2** est réclamé au greffe du tribunal de l'arrondissement d'origine ou au service du casier central par lettre ou par télégramme indiquant l'état civil de la personne dont le bulletin est demandé et précisant le motif de la demande.

ART. 10. — Le bulletin n° **3** ne peut être réclamé que par lettre signée de la personne qu'il concerne et précisant l'état civil de celle-ci. Si cette personne ne sait ou ne peut signer, cette impossibilité est constatée par le maire ou par le commissaire de police, qui atteste, en même temps, que la demande est faite sur l'initiative de l'intéressé.

ART. 11. — Lorsqu'il n'existe pas au casier judiciaire de bulletins n° 1 ou lorsque les mentions que portent les bulletins n° 1 ne doivent pas être inscrites sur le bulletin n° **3**, ce bulletin est oblitéré par une barre transversale.

ART. 12. — Les droits alloués au greffier pour la rédaction des différents bulletins du casier judiciaire sont fixés ainsi qu'il suit :

Bulletin n° 1 . . . . 0 40
Duplicata 0 15

Bulletin n° 2 réclamé par les magistrats du parquet et de l'instruction, par les autorités militaires ou maritimes pour les jeunes gens qui demandent à contracter un engagement volontaire, ou par les administrations publiques de l'Etat 0 25

Bulletin n° 2 réclamé pour l'exercice des droits politiques :

S'il est affirmatif. 0 25
S'il est négatif. 0 15

Bulletin n° 2 réclamé par les autorités militaires ou maritimes pour les appelés des classes et de l'inscription maritime :

S'il est affimatif . . . .   O 15

La mention « Néant » mise en regard des noms portés sur les états transmis par les mêmes autorités donnera lieu au payement d'un droit de recherches de. 0 05

Bulletin no 3 :

Droit de recherches. . . . . . . 0 05 ⎱
Droit de rédaction. . . . . . . 0 25 ⎰ 1 fr.
Droit d'inscription au répertoire. . 0 25 ⎰

ART. 13. — Les bulletins n° 1, les duplicata des bulletins n° 1, ainsi que les bulletins n° 2 délivrés aux magistrats du parquet et de l'instruction sont payés sur les crédits affectés aux frais de justice criminelle. Le prix de ces bulletins est compris parmi les frais de justice à recouvrer sur les condamnés.

Les bulletins n° 1 et les duplicata des bulletins n° 1, rédigés par les greffiers des juridictions militaires ou maritimes, sont payés sur ordonnance émise par le garde des sceaux après envoi d'un état récapitulatif adressé au département de la justice et certifié par les ministres de la guerre ou de la marine.

Les bulletins n° 2 que réclament les administrations publiques de l'Etat et les autorités militaires et maritimes sont payés par ces administrations ou par ces autorités.

La demande du bulletin n° 3 est accompagnée du montant des droits dus aux greffiers en vertu de l'art. 12 ci-dessus, ainsi que du droit d'enregistrement.

ART. 14. — Les bulletins nos 1, 2 et 3 et les duplicata des bulletins n° 1 sont établis conformément aux modèles annexés au présent décret.

CIRCULAIRE du Garde des sceaux, Ministre de la justice, relative à l'application de la loi du 5 août 1899 sur le casier judiciaire et sur la réhabilitation de droit.

Paris, le 15 décembre 1899.

Monsieur le Procureur général,

1. — La loi du 5 août 1877, complétée par le règlement d'administration publique du 12 décembre 1899, a consacré législativement l'institution du casier judiciaire. Elle a créé, en outre, une réhabilitation de droit qui se poursuit sans aucune formalité par le cours du temps en faveur des condamnés qui, après avoir exécuté leurs peines, n'auront point encouru dans certains délais un châtiment corporel.

Les dispositions nouvelles relatives au casier judiciaire sont de nature à apporter des modifications sensibles aux prescriptions actuellement en vigueur. Sur un très grand nombre de points, cependant, les instructions antérieures de ma chancellerie peuvent et doivent continuer à être observées.

Je ne puis assurément, dès le début de l'application de la loi, prévoir les difficultés qu'elle pourra soulever et sur lesquelles vous devrez, en cas de besoin, me consulter au fur et à mesure qu'elles se présenteront.

Je veux seulement, par la présente circulaire, essayer de faciliter la tâche des magistrats du parquet et des greffiers en appelant leur attention sur certains points qui me semblent devoir leur être spécialement signalés et en insistant sur l'esprit qui a inspiré quelques-unes des dispositions nouvelles.

Je compte d'ailleurs sur votre zèle et sur celui de vos collaborateurs pour assurer l'observation exacte des prescriptions légales qui viennent d'être mises en vigueur.

Il convient, au surplus, de ne pas oublier que, dans les art. 10 *in fine* et 14 de la loi, le législateur a organisé et réglementé une procédure rapide qui permettra de résoudre judiciairement un certain nombre des questions qui viendront à se présenter.

I

ORGANISATION DU CASIER JUDICIAIRE

2. — Les art. 1 et 2 du règlement d'administration publique consacrent, sans la modifier, l'organisation du casier d'arrondissement et du casier central.

Le premier est dirigé par le greffier, sous l'autorité et la surveillance du procureur de la République et du procureur général. Plus que jamais cette surveillance devra s'exercer effectivement et, en raison des difficultés qui peuvent surgir, surtout au début de l'application de la loi, il importe que les magistrats du parquet vérifient minutieusement, avant de les revêtir de leur signature, tous les bulletins qui leur seront présentés.

Lorsque les greffiers éprouveront quelque doute sur la rédaction d'un bulletin, ils ne devront pas hésiter à solliciter l'avis du parquet sur la difficulté qui se présentera.

3. — Après quelques hésitations, j'ai décidé de maintenir, telle qu'elle existe, la transmission des bulletins n° 1 aux parquets généraux. La vérification et la régularité des envois qui sont assurées par cette transmission m'ont paru plus importantes que la simplification

du service résultant de l'expédition directe des bulletins au greffe du lieu d'origine.

4. — Toutefois, je crois pouvoir, sans inconvénient, supprimer la rédaction du procès-verbal de vérification mensuelle qui était dressé par les procureurs de la République en exécution des circulaires des 6 novembre 1850, § 10, 1er juillet 1856, § 27, et qui ne constituait, le plus souvent, qu'une formalité purement illusoire. En la faisant disparaître, j'insiste tout particulièrement sur la nécessité d'y substituer un contrôle effectif et incessant et, le cas échéant, je n'hésiterai pas, lorsqu'un bulletin contiendra des erreurs regrettables qu'un examen un peu attentif aurait permis d'éviter, à rendre responsable le magistrat qui l'aura visé.

II

DES BULLETINS N° 1 ET DES DUPLICATA DES BULLETINS N° 1

Rédaction du bulletin n° 1.

5. — L'art. 1er de la loi, ainsi que les art. 3, 4, 5 et 6 du règlement indiquent les conditions dans lesquelles doit être rédigé le bulletin n° 1 à la suite de la condamnation ou de la décision qu'il a pour objet de mentionner.

A cet égard, les art. 4 et 5 du règlement font la distinction suivante :

S'il s'agit d'un jugement ou d'une décision disciplinaire entraînant ou édictant des incapacités et émanant de l'autorité judiciaire, le bulletin n° 1 doit être dressé par le greffier de la juridiction qui a statué ;

S'il s'agit, au contraire, d'une décision disciplinaire de même nature, émanant d'une autorité administrative, le bulletin est rédigé, par le greffier du lieu d'origine, sur l'avis qui lui est adressé par les soins de cette autorité.

6. — En ce qui concerne les jugements ou arrêts, l'art. 1er, n° 1, de la loi oblige à constater par un bulletin n° 1 les condamnations prononcées, pour crime ou délits, par toute juridiction répressive. Cette formule doit être strictement appliquée. Il en résulte que, dorénavant, il devra être établi un bulletin n° 1 en cas de condamnation même à une amende, prononcée par un tribunal correctionnel à la requête d'une administration publique, notamment pour infraction aux lois sur les eaux et forêts, les douanes, les contributions indirectes, les octrois et la poste.

En dehors même du texte impératif de l'art. 1er, n° 1, cette solution serait imposée, au moins pour les condamnations à une amende supérieure à 1.000 francs, par le n° 6 de l'art. 2 de la loi du 8 décembre 1883 sur les élections des juges consulaires.

Le rapporteur de la loi au Sénat a, d'ailleurs, déclaré formellement que l'article s'appliquait aux délits-contraventions.

En conséquence, il y a lieu de considérer comme abrogées, sur ce point, les prescriptions des circulaires du 30 décembre 1850, § 4, et du 30 décembre 1873, § 11.

7. — Les juridictions civiles prennent incontestablement le caractère de juridictions répressives lorsqu'elles prononcent des peines pour infractions commises au cours de leurs audiences.

8. — Les décisions disciplinaires ne doivent être constatées par un bulletin n° 1 que si elles entraînent ou édictent des incapacités (art. 1, n° 3).

Pour celles émanant de l'autorité judiciaire et, par suite, concernant les officiers publics ou ministériels, il n'y a donc plus lieu de suivre à la lettre les prescriptions de la circulaire du **23** mai 1853, § **12**. Seuls doivent être mentionnée les jugements ou arrêts portant destitution, parce que la peine de la destitution est la seule qui, à proprement parler, puisse entraîner une incapacité (V. Cass. crim., **25** novembre 1899. — Arrêt Mallet).

Toutefois, il n'y a pas lieu de s'arrêter à la distinction établie par l'art. 3 de la loi du 10 mars 1898 qui a modifié le § 8 de l'art. 15 du décret du 2 février 1852, et de ne dresser un bulletin n° **1** que si le jugement prononce une déchéance formelle des droits de vote, d'élection et d'éligibilité. En effet, cette loi n'a pas touché à l'art. 2, n° 7, de la loi du **21** novembre 1872 sur le jury, d'après lequel sont incapables d'être jurés les notaires, greffiers et officiers ministériels destitués. Il en résulte que toujours la destitution entraîne une incapacité.

9. — La déchéance de la puissance paternelle ne doit être mentionnée sur le bulletin n° **1** que lorsqu'elle est l'accessoire d'une condamnation criminelle ou correctionnelle. En dehors de ce cas, elle ne peut être considérée ni comme une condamnation ni comme une mesure disciplinaire émanant de l'autorité judiciaire. Toute hésitation disparaît à cet égard si on se reporte aux travaux préparatoires.

10. — Pour les décisions disciplinaires prononcées par une autorité administrative, il y a lieu de se référer aux circulaires antérieures de ma chancellerie, notamment à celles des 8 décembre 1868, § **11** ; 30 novembre 1827, § **10** ; 15 décembre 1888, dont les prescriptions continueront à être observées. Toutefois, en ce qui concerne la dernière circulaire, il y a lieu évidemment de considérer comme abrogée l'obligation pour le greffier : « 2° de délivrer aux intéressés des bulletins n° **2** ne portant pas la mention desdites décisions disciplinaires ».

11. — Le bulletin n° **1** s'appliquant à une personne pour laquelle doit exister un bulletin n° **1** antérieur porte

la mention manuscrite « récidive » (art. 3 du règlement).
Cette disposition ne fait que reproduire les prescriptions
contenues dans les circulaires antérieures de la chancellerie, avec cette seule différence que le mot « récidive »
est substitué avec raison à l'expression « récidiviste »
qui pouvait amener quelque confusion. Elle était, en
effet, de nature à laisser supposer que le condamné
était récidiviste au sens précis du mot, alors que la mention inscrite au bulletin n° 1 est simplement destinée à
indiquer au greffier qu'il existe déjà au casier un ou
plusieurs autres bulletins n° 1.

12. — Les délais de rédaction du bulletin n° 1 sont
indiqués par l'art. 4 du règlement ; ce sont des délais
maxima qui ne devront jamais être dépassés.

13. — En raison des mentions multiples que doivent
porter les bulletins n° 1 et des droits que confère aux
intéressés l'expiration de certains délais à partir de l'exécution des peines, il importe plus que jamais à la bonne
administration de la justice que le casier judiciaire soit
régulièrement tenu à jour et que les bulletins n° 1 n'y
parviennent pas, comme il arrive trop souvent, longtemps après que la condamnation est devenue définitive.

14. — L'art. 14 du décret impose un modèle unique
pour la rédaction des bulletins n° 1 afin de faciliter leur
classement dans les casiers et d'assurer au moyen de
l'uniformité des mentions reconnues nécessaires ou
imposées par le législateur, la stricte exécution des
prescriptions de la loi. Tous les bulletins n° 1 devront
être établis conformément à ce modèle et sur papier
blanc. Par suite, il n'y aura plus lieu, ainsi que l'exigeait la circulaire du 8 décembre 1868, § 17, de rédiger
sur papier rouge les bulletins relatifs aux décisions prononcées par application de l'art. 66 C. pén. Cette mesure
était destinée à attirer l'attention des greffiers qui ne
devaient indiquer ces décisions que sur les bulletins n° 2

destinés au ministère public. Mais dorénavant, un certain nombre d'autres décisions devant également, en vertu des art. 7 et 8 de la loi, cesser, dès l'origine ou après l'expiration d'un certain délai, de figurer au bulletin n° 3, il est inutile de maintenir une disposition spéciale qui n'a plus de raison d'être.

15. — Les greffiers sont autorisés provisoirement à utiliser le stock des anciens bulletins qu'ils pourraient posséder, en les complétant par des mentions manuscrites conformément aux modèles prescrits par le règlement. Mais cette tolérance devra cesser au plus tard le 1er avril 1900.

Les fiches de recherches destinées à être classées au casier judiciaire et dont l'emploi ne saurait trop être recommandé pour retrouver les inculpés en fuite ou les condamnés qui se sont soustraits à l'exécution des condamnations, devront à l'avenir être toujours établies sur des feuilles ayant le format des bulletins n° 1.

16. — L'art. 3 de la loi n'a point innové en ce qu concerne la transmission et le classement au casier central des bulletins n° 1 concernant les personnes nées en pays étranger, dans les colonies, ou dont l'acte de naissance n'est pas retrouvé.

Je désire que lors de leur envoi à la chancellerie ces bulletins soient toujours classés par ordre de nationalité.

II. — *Mentions à insérer au bulletin n° 1 postérieurement à sa rédaction.*

17. — Pour établir exactement la situation pénale des condamnés et aussi pour permettre l'exécution des art. 7, 8 et 10 relatifs à la dispense et à la prescription de certaines inscriptions au bulletin n° 3 et à la réhabilitation de droit, le législateur a été amené à énumérer les mentions qui doivent être portées sur le bulletin n° 1

postérieurement à sa rédaction et au fur et à mesure que se produisent les décisions ou les circonstances qui modifient la situation des intéressés.

Tel est l'objet de l'art. 2 de la loi complété et précisé par l'art. 7 du règlement qui indique comment et par qui seront adressés au casier du lieu d'origine ou au casier central les avis d'après lesquels seront effectuées au bulletin n° 1 les mentions susvisées.

Ces textes n'ont pas besoin d'être commentés. Il suffit de faire remarquer que l'art. 7, n° 3, du règlement remplace par un simple avis le bulletin n° 1 qui, aux termes de la circulaire du 5 décembre 1885, devait être dressé à la suite des arrêts prononçant la réhabilitation.

L'avis de réhabilitation pour les individus nés à l'étranger et aux colonies devra être transmis en double exemplaire au casier central.

III. — *Duplicata du bulletin n° 1.*

18. Les duplicata appartiennent à des catégories distinctes. Ils doivent être établis sur papier blanc, d'après les modèles annexés au règlement.

A. — Duplicata pour l'échange international.

19. — L'art. 8 du règlement porte que « lorsque des conventions diplomatiques ont été conclues à cet effet avec des États étrangers, le bulletin n° 1 est transmis par les soins du service du casier central. Les bulletins n° 1 concernant les étrangers appartenant à ces États sont adressés à ce service avec un duplicata ».

Cet article ne fait que consacrer le régime antérieur, mais je dois faire observer que l'échange international des bulletins n° 1 a pris une importance d'autant plus grande que les condamnations prononcées dans un pays étranger doivent être, d'après les art. 4, §§ 1 et 7, n° 3, de la loi, inscrites sur les bulletins n° 2 et le plus souvent aussi sur les bulletins n° 3.

Je crois utile de vous rappeler qu'actuellement l'échange des bulletins a lieu avec les pays suivants : Autriche, Alsace-Lorraine, grand-duché de Bade, Bavière, Belgique, Italie, grand-duché de Luxembourg, Pérou, Portugal, Suisse.

Vos substituts devront continuer à se conformer aux dispositions des circulaires des 5 mai 1877, § 6, et 3 décembre 1877, § 6, qui prescrivent de transmettre directement à la chancellerie et, par conséquent, sans les soumettre à votre visa, les duplicata des bulletins n° 1 destinés à l'échange international.

B. — Duplicata délivré aux autorités militaires ou maritimes.

20. — L'art. 5, § 1er, de la loi prescrit d'adresser à l'autorité militaire ou maritime un duplicata du bulletin n° 1 en cas de condamnation, faillite, liquidation judiciaire ou destitution d'un officier ministériel prononcée contre un individu soumis à l'obligation du service militaire ou maritime.

Le sens du mot « condamnation » est précisé par l'art. 1er de la loi.

Il n'y a rien à modifier aux règles actuellement en vigueur et qui ont été concertées entre les départements de la guerre et de la marine et la chancellerie.

J'appelle toutefois votre attention sur la nécessité d'adresser désormais aux autorités militaires et maritimes des duplicata relatifs à la mise en liquidation judiciaire.

C. — Duplicata au casier électoral.

21. — L'art. 5, § 2, de la loi consacre également l'institution du casier électoral destiné à permettre la radiation sur les listes électorales des personnes frappées de condamnations entraînant des incapacités politiques.

Toutefois ce texte contient une innovation.

Alors que les circulaires des 18 décembre 1874, 27 août et 8 décembre 1875 prescrivaient la transmission des duplicata à la sous-préfecture de l'arrondissement du lieu d'origine des condamnés, l'art. 5, § 2, porte que le duplicata sera adressé à l'autorité administrative du domicile de tout Français et de tout étranger naturalisé.

III

DES BULLETINS Nº 2.

I. — *Rédaction du bulletin nº 2.*

22. — La dénomination du bulletin nº 2 a désormais un sens différent et plus restreint que par le passé.

Cette expression ne désigne plus, d'une façon générale, tout relevé des bulletins nº 1, mais seulement l'extrait qui doit être délivré aux magistrats, aux autorités militaires ou maritimes et aux administrations publiques.

L'extrait délivré aux particuliers est rédigé dans des conditions spéciales et porte le nom de bulletin nº 3.

23. — Pour empêcher toute confusion entre le bulletin nº 2 et le bulletin nº 3, l'art. 14 du règlement décide que ces bulletins devront être conformes aux modèles annexés, sur papier bulle pour le premier et papier gris bleu pour le second.

24. — Le bulletin nº 2 (art. 4 de la loi) contient le relevé intégral des bulletins nº 1 applicables à la même personne. Il doit donc porter non seulement les indications inscrites sur le bulletin nº 1 au moment de sa rédaction primitive, mais encore toutes les mentions postérieures prescrites par l'art. 2 de la loi et l'art. 7 du règlement.

25. — Seul le bulletin nº 2 réclamé par les administrations publiques de l'Etat pour l'exercice des droits électoraux ne contient pas le relevé intégral de tous les bulletins nº 1, mais seulement aux termes de l'article 4, § 4, de la loi, les décisions entraînant des incapacités prévues par les lois relatives à l'exercice des droits politiques.

Lorsqu'il n'existe pas de bulletin nº 1 au casier judiciaire, le bulletin nº 2 porte la mention « Néant » (art. 4, § 5 de la loi).

II. — *A qui sont délivrés les bulletins nº 2 ?*

26. — L'art. 4 de la loi énumère les personnes qui peuvent réclamer les bulletins nº 2.

Ce sont :

A. — Les magistrats du parquet ou de l'instruction.

27. — B. — Les autorités militaires ou maritimes pour les appelés des classes ou de l'inscription maritime, ainsi que pour les jeunes gens qui demande à contracter un engagement.

En ce qui touche les appelés des classes et de l'inscription maritime, aucune modification n'est apportée au mode de procéder organisé par la circulaire du 17 avril 1885 et que consacre d'ailleurs implicitement l'art. 12 du règlement.

28. — De plus, à la suite d'une entente récemment intervenue entre le département de la guerre et ma chancellerie, il a été décidé que la deuxième vérification des antécédents judiciaires des jeunes soldats des classes, prescrite par la circulaire du 22 avril 1898, n'aura pas lieu. M. le ministre de la guerre a reconnu, en effet, que cette deuxième vérification soulevait, dans la pratique, certaines difficultés et ne semblait pas devoir donner tous les résultats que son département en avait espérés. Les instructions contenues dans la circulaire du 22 avril 1898 doivent être considérées comme annulées.

29. — Vous remarquerez aussi que, d'après l'art. 4, § 2, de la loi, les bulletins nécessaires à ceux qui veulent contracter un engagement volontaire sont délivrés désormais, non plus sur la demande des intéressés, mais à la requête des autorités militaires ou maritimes. (Circ. min. guerre du 18 octobre 1899 ; Circ. chancellerie du 23 octobre 1899).

Cette disposition, qui modifie implicitement l'art 59 de la loi du 15 juillet 1889 et l'art. 6 du décret du 28 septembre 1889, s'imposait d'ailleurs au législateur.

L'extrait qui eût été délivrés aux intéressés n'eût pu être, en effet, d'après l'art. 6 de la loi, qu'un bulletin n° 3 qui, à raison de la dispense ou de la prescription de certaines mentions (ar. 7 et 8 de la loi), n'eût pas suffisamment renseigné les autorités militaires ou maritimes sur les antécédents judiciaires des jeunes gens qui demandent à contracter un engagement.

Il en résulte que les bulletins relatifs à cet objet et qui ne sont plus considérés comme des extraits délivrés à de simples particuliers seront dorénavant payés 25 centimes par l'autorité qui les réclamera.

La même observation doit être faite en ce qui concerne les bulletins délivrés pour les aspirants aux emplois d'officiers de réserve ou de l'armée territoriale et qui seront nécessairement considérés comme réclamés par une administration publique saisie d'une demande d'emploi (art. 4. § 3). A cet effet, les prescriptions des circulaires des 30 décembre 1873 et 30 novembre 1878, § 10, qui avaient réduit à 1 franc le prix de ces deux catégories de bulletins, cessent d'être en vigueur.

30. — C. — Les administrations publiques de l'Etat, saisies de demandes d'emploi, ou en vue de poursuites disciplinaires ou de l'ouverture d'une école privée, conformément à la loi du 30 octobre 1886, ou pour l'exercice des droits politiques, et dans ce dernier cas, ainsi que je l'ai fait déjà remarquer, le bulletin n° 2 ne comprend que les décisions entraînant des incapacités prévues par les lois relatives à l'exercice des droits politiques (art. 4, §§ 3 et 4 de la loi).

31. — Les emplois publics pour l'accès desquels les administrations publiques de l'Etat sont autorisées à vérifier les antécédents des candidats en se faisant délivrer le bulletin n° 2 ne sont pas seulement les fonctions publiques ressortissant directement à l'Etat, mais aussi toutes les fonctions instituées en vue du maintien de l'ordre public, comme celles notamment des gardes champêtres, des gardes des particuliers, des gardes des compagnies de chemins de fer, des préposés d'octroi. Tous ces agents, quoiqu'ils ne soient pas des fonctionnaires de l'Etat, sont officiers de police judiciaire et tiennent cette qualité de la puissance publique qui la leur confère, après les avoir nommés ou agréés, par la solennité de la réception et du serment.

Je n'hésite pas à leur assimiler, au point de vue qui nous occupe, les agents de police. Bien qu'ils ne prêtent pas serment et ne soient pas officiers de police judiciaire, ils doivent être agréés par l'administration et sont, dans l'exercice de la surveillance que leur confient les municipalités, des agents de l'autorité publique, des auxiliaires de la police judiciaire.

Les uns et les autres, prêtant un concours permanent à la justice pour la recherche et la constatation des crimes, des délits et des contraventions, doivent présenter des garanties particulières d'honorabilité. Aussi n'est-il pas douteux que les candidats à ces emplois publics soient de ceux au sujet desquels les administrations publiques de l'Etat ont le droit et le devoir de se renseigner autrement que par l'examen d'un simple bulletin n° 3.

Le bulletin n° **2** devra donc être délivré aux préfets et aux sous-préfets lorsqu'ils seront appelés à statuer sur des demandes d'emploi de cette nature.

32. — Par contre, il faut considérer comme abrogées les circulaires qui avaient autorisé certaines sociétés de patronage à se faire délivrer des bulletins n° **2** à titre de renseignement administratif, notamment les circulaires des 25 février 1884, 15 décembre 1895, 31 décembre 1896, et aussi la circulaire du 6 décembre 1876, § 27, qui permettait aux préfets et aux maires de réclamer des bulletins n° **2**, relativement aux candidats qui sollicitent leur admission dans une société de secours mutuels.

III. — *Formes de la demande du bulletin n° 2.*

33. — Le bulletin n° **2** est réclamé au greffe du tribunal de l'arrondissement d'origine, ou au casier central, soit par lettre, soit, en cas d'urgence, par télégramme, qui doivent préciser l'état civil, afin de rendre les recherches aussi rapides que possible, et énoncer le motif de la demande (art. 9 du règlement).

IV

DES BULLETINS Nº 3.

I. — *Rédaction du bulletin nº 3.*

34. — Le bulletin nº 3 est une création de la loi du 5 août 1899 ; il réalise une innovation importante qui doit retenir tout spécialement votre attention et celle de vos collaborateurs.

Le législateur a considéré que si le casier judiciaire est une institution excellente en tant qu'il renseigne exactement la justice et les administrations intéressées sur les antécédents judiciaires, il présente des inconvénients, dans le système suivi jusqu'à ce jour, par les obstacles qu'il apporte à l'amendement et au reclassement des condamnés. Il est certaines condamnations qui, à raison de la nature du fait incriminé ou du peu d'importance de la peine, n'entachent pas l'honneur et ne révèlent pas une perversité profonde chez celui qui les a encourues.

De plus, quelle qu'ait été la peine prononcée, lorsque après un certain délai écoulé depuis son exécution et variable d'ailleurs selon sa gravité, le condamné n'est plus tombé sous le coup de la loi, il a paru que la révélation du châtiment subi constituerait une véritable aggravation de la pénalité.

Enfin, l'expiration d'un délai encore plus long, sans condamnation nouvelle, crée une présomption d'amendement qui permet d'accorder au condamné, de plein droit et sans aucune formalité, le bénéfice et les avantages de la réhabilitation, dont une des conséquences est de faire disparaître définitivement la condamnation du bulletin nº 3.

35. — S'inspirant de ces idées, le législateur a été amené à décider :

1° Que certaines condamnations ne seront pas, dès le principe, mentionnées au bulletin n° 3 (art. 7 de la loi) ;

2° Qu'après l'expiration de délais variables, diverses condamnations cesseront d'y être portées, sauf à y être inscrites de nouveau en cas de condamnation ultérieure à une peine corporelle (art. 8 et 9 de la loi) ;

3° Qu'après l'expiration d'un nouveau délai, la réhabilitation de droit sera acquise, avec cette conséquence implicite qu'elle fera définitivement disparaître les mentions relatives à toutes les condamnations auxquelles elle s'appliquera.

A. — Condamnations qui, dès l'origine, ne doivent pas être inscrites sur le bulletin n° 3.

36. — Ces condamnations énumérées par l'art. 7 de la loi sont les suivantes :

1° Les décisions prononcées par application de l'art. 66 C. pén. ;

2° Les condamnations effacées par la réhabilitation ou par l'application de l'art. 4 de la loi du 26 mars 1891 sur l'atténuation et l'aggravation des peines.

Le mot « réhabilitation » s'applique évidemment à la fois à la réhabilitation prévue par le Code d'instruction criminelle et à la réhabilitation de droit créée par l'art. 10 de la loi du 5 août 1899 ;

3° Les condamnations prononcées en pays étranger pour des faits non prévus par les lois pénales françaises.

L'application de cette règle soulèvera dans la pratique quelques difficultés. La qualification des faits contenue dans les bulletins n° 1 rédigés dans un pays étranger peut ne pas répondre à la définition pénale des mêmes faits telle qu'elle résulte de notre législation, et il ne sera pas toujours facile de reconnaître si l'infraction punie par une juridiction étrangère serait tombée sous le coup de la loi française. Aussi conviendra-t-il d'user d'une grande circonspection lorsqu'il s'agira de mentionner sur un bulletin nᵒ 3 une condamnation étrangère, et, dans le doute, il sera préférable de ne pas l'inscrire. Si la question offre quelque importance, ma chancellerie pourra être consultée et provoquera, le cas échéant, par la voie diplomatique l'envoi de renseignements complémentaires ;

4° Les condamnations pour délits prévus par les lois sur la presse, à l'exception de celles qui ont été prononcées pour diffamation ou pour outrages aux bonnes mœurs ou en vertu des art. 23, 24 et 25 de la loi du 29 juillet 1881 ;

5° Une première condamnation à un emprisonnement de trois mois prononcée par application des art. 67, 68 et 69 C. pén. ; il en sera de même *à fortiori* d'une condamnation à l'amende ;

6° Les condamnations avec sursis à un mois ou moins d'un mois d'emprisonnement, avec ou sans amende.

Bien que le texte ne le dise pas expressément, il me paraît évident que la dispense d'inscription s'applique à toute condamnation avec sursis à une simple amende, quel qu'en soit le montant.

Mais elle est inapplicable à la condamnation à l'emprisonnement et à l'amende, si le sursis n'a été prononcé que pour l'emprisonnement. L'individu condamné dans ces conditions ne saurait, en effet, être traité plus favorablement que celui qui aurait été condamné seulement à l'amende sans sursis ;

7° Les déclarations de faillite, si le failli a été déclaré excusable par le tribunal, ou a obtenu un concordat homologué, et les déclarations de liquidation judiciaire.

37. — Au point de vue du caractère de la dispense d'inscription, les sept catégories de décisions qui viennent d'être énumérées doivent, aux termes de l'art. 9 de la loi, être réparties en deux groupes bien distincts.

Pour les quatre premières catégories, la dispense est acquise définitivement, c'est-à-dire qu'une condamnation ultérieure, quelle qu'elle soit, n'enlève pas le bénéfice accordé par la loi à l'intéressé, sauf toutefois s'il s'agit d'une condamnation prononcée avec sursis et dont la condamnation nouvelle a effacé le caractère suspensif.

Pour les trois dernières catégories, la dispense n'est en quelque sorte que conditionnelle et provisoire. L'art. 9 dispose, en effet, que s'il intervient une condamnation ultérieure pour crime ou délit à une peine autre que l'amende, le bulletin n° 3 reproduit intégralement les bulletins n° 1, sans qu'il soit dérogé cependant aux règles de la loi du 26 mars 1891.

B. — Condamnations qui doivent, à partir d'un certain délai, cesser de figurer au bulletin n° 3.

38. Ces condamnations sont énumérées par l'art. 8, qui fixe, en même temps, les délais à l'expiration desquels elles ne devront plus être inscrites au bulletin n° 3.

Le texte précise avec détails les conditions de son application, et je crois inutile de rappeler les dispositions qu'il contient.

Je me borne à appeler votre attention sur quelques points essentiels.

39. — Le délai court du jour où la peine a été exécutée par l'expiration de la peine corporelle ou le payement de l'amende, la grâce ou l'exécution de la contrainte par corps étant considérées comme équivalentes l'à exécution même de la peine.

Mais la prescription de la peine n'a pas le même effet, à ce point de vue, que la grâce ou l'exécution de la contrainte par corps, le texte ne l'a pas expressément visée et on ne saurait procéder par voie d'assimilation.

Lorsque le condamné a été libéré conditionnellement, le point de départ du délai se place, non pas au jour où intervient la mise en liberté, mais à la date qui correspond à l'expiration réelle de la peine. Jusqu'à ce moment, en effet, on ne peut dire que la peine est véritablement exécutée, puisque le condamné peut être incarcéré de nouveau, s'il ne satisfait pas aux conditions imposées par l'arrêté de libération conditionnelle.

40. — C'est pour permettre de fixer le point de départ du délai que l'art. 2 de la loi et l'art. 7 du règlement ont prescrit l'inscription au bulletin n° 1 d'un certain nombre de mentions qui doivent faire connaître, pour ainsi dire au jour le jour la situation des condamnés.

A cet égard, tous ceux qui ont exécuté leurs peines avant la mise en vigueur de la nouvelle loi se trouvent dans une situation particulière. Il ne peut être question en effet, de compléter d'office pour le passé, conformément aux art. 2 de la loi et 7 du règlement, tous les bulletins n° 1 qui existent actuellement dans les casiers judiciaires. Néanmoins, tous les intéressés ont le droit, dès maintenant, d'invoquer le bénéfice de la loi du 5 août 1899 et notamment de l'art. 8.

J'estime qu'en principe c'est à eux qu'il appartient de justifier qu'il ont satisfait aux conditions exigées par ce texte.

En ce qui concerne le payement de l'amende, cette justification sera le plus souvent facile par la production de la quittance ; dans les autres hypothèses, les parquets devront prêter leur concours aux intéressés en demandant eux-mêmes les renseignements nécessaires sur les indications qui leur seront données. Il sera indispensable de compléter au fur et à mesure, à l'aide de ces renseignements et de ces justifications, les bulle-letins n° 1 rédigés avant la promulgation de la loi.

41. — Le n° 1 de l'art. 8 ne s'applique que lorsque a condamnation unique à moins de six jours de prison ou à une amende ne dépassant pas 25 francs ou à ces deux peines réunies n'entraine pas une incapacité civile ou politique.

Cette disposition restreint singulièrement la portée du texte ; en effet, beaucoup de condamnations de cette catégorie on pour conséquence une incapacité au moins temporaire. En dehors des incapacités électorales pré-vues par le décret du 2 février 1852, en peut citer notam-ment l'art. 2. n° 11, de la loi du 21 novembre 1872, qui déclare incapable d'être jurés, pendant cinq ans après l'expiration de leur peine, les condamnés à une peine d'emprisonnement quelconque inférieure à trois mois, pour quelque délit que ce soit.

Lorsqu'il en est ainsi, c'est le n° 2 de l'art. 8 qui devient applicable, puis que ni le n° 2 ni les n°s 3 et 4 ne contien-nent la même restriction. Il en résulte que souvent les con-damnations prévues par les n°s 2, 3 et 4 de l'art 8 cesse-ront d'être inscrites au bulletin n° 3, alors que les inca-pacités en résultant n'auront pas encore pris fin puisque les délais de la réhabilitation de droit créée par l'art. 10 différent de ceux de l'art. 8.

42. — Il ne parait pas douteux que l'art. 8 n° 3, s'ap-plique à la peine militaire des travaux publics dont le minimum est de deux ans.

43. — Comme pour les trois dernières catégories pré-vues par l'art. 7, toutes les condamnations enumérées par l'article 8 ne cessent d'être inscrites au bulletin n° 3 que s'il n'intervient pas une condamnation ultérieure pour un crime ou délit quelconque à une peine autre que l'amende. Dans ce cas (art. 6 de la loi), le bulletin n° 3

reproduit intégralement les bulletins n° 1, sauf en ce qui concerne les mentions (art. 7. n° 1, 2, 3 et 4) pour lesquelles la dispence de l'inscription a un caractère définitif.

C. — Dispense d'inscription en ce qui concerne les étrangers (art. 12 de la loi).

44. — L'art. 12 de la loi décide que l'étranger n'aura droit aux dispenses d'inscription sur le bulletin n° 2 que si, dans son pays d'origine, une loi ou un traité réserve aux condamnés français des avantages analogues.

Je vous signale immédiatement une erreur matérielle évidente contenue dans ce texte et qui a passé malheureusement inaperçue aux cours des travaux préparatoires et du vote par les deux assemblées législatives. Il est certain qu'il faut lire bulletin n° 3 au lieu de bulletin n° 2 ; autrement, les dispositions de l'art. 12 ne se comprendraient pas.

45. — Toutefois, dès maintenant, il y a lieu d'indiquer sur chaque bulletin n°ˢ 1, 2, ou 3 la nationalité de celui qui en est l'objet.

46. — J'ajoute aussi que la condition de réciprocité ne doit être exigée que pour les dispenses prévues par les art. 7 et 8 de la loi.

Lorsque l'absence de toute mention doit résulter de la réhabilitation du Code d'instruction criminelle ou de la réhabilitation de droit, il ne peut être fait aucune distinction entre le Français et l'étranger, vis-à-vis duquel le législateur n'a pas restreint les conséquences de la réhabilitation.

II. — *A qui est délivré le bulletin n° 3 ?*
Formes de la demande.

47. — Le législateur ne s'est pas borné à créer en faveur des particuliers un bulletin n° **3**, essentiellement différent du bulletin n° **2**. Obéissant à un sentiment de généreuse humanité et s'inspirant de ce qu'il a considéré comme un véritable intérêt social, il a prescrit, dans l'art. 6 de la loi, de ne délivrer le bulletin n° **3** qu'à la personne qu'il concerne et jamais à un tiers.

L'intéressé sera donc seul maître de faire connaître, s'il le juge convenable, ses antécédents judiciaires et, à cet égard, la loi et le règlement d'administration publique ont pris les précautions nécessaires pour éviter toute indiscrétion ou toute fraude.

L'article 11, § 3, de la loi punit, en effet, d'un mois à un an d'emprisonnement celui qui, en prenant un faux nom ou une fausse qualité, se fera délivrer le bulletin n° 3 d'un tiers.

48. — D'autre part, l'art. 10 du règlement a déterminé les formes de la demande du bulletin n° **3**. Cette demande ne peut être faite que par lettre précisant l'état civil et revêtue de la signature de l'intéressé.

Si celui-ci ne peut ou ne sait signer, cette impossibilité doit être constatée par le maire ou le commissaire de police qui attestera en même temps, que la demande est faite sur l'initiative de l'intéressé.

Vous remarquerez que la légalisation de la signature n'est pas exigée. On a pensé que cette formalité, à coup sûr utile, pourrait occasionner des retards et des déplacements assez onéreux et préjudiciables, notamment, à ceux qui ont besoin d'obtenir rapidement l'extrait de leur casier judiciaire pour se procurer à bref délai du travail ou un emploi. La sanction prévue par l'art. 11, § **3**, de la loi a paru suffisante pour prévenir la plupart des abus.

49. — Lorsqu'il n'existe aucun bulletin n° **1**, ou lorsque les condamnations ou décisions constatées par les bulletins n° **1**, ne doivent pas être inscrites au bulletin

n° 3, l'art. 2 du règlement prescrit de délivrer ce bulletin oblitéré par une barre transversale. La formule « Néant », établie par l'art. 4, § 5, de la loi pour les bulletins n° 2, ne pouvait trouver ici son application, puisqu'elle signifie qu'il n'existe pas de bulletin n° 1 au casier judiciaire, et, par suite, aurait été souvent, en ce qui concerne le bulletin n° 3, contraire à la réalité.

V

DU PRIX DES BULLETINS, N°s 1, 2, 3

50. — Les art. 12 et 13 du règlement déterminent les prix des bulletins n°s 1. 2, 3, et le mode de payement de ces prix.

Leurs dispositions sont suffisamment claires et précises et ne me paraissent nécessiter aucun commentaire. Elles ne font, du reste, que consacrer les règles déjà établies par la législation antérieure ou les circulaires de ma chancellerie, sauf sur les deux points suivants :

1° Le prix du bulletin n° 1 est porté de 25 à 40 centimes. Il a paru équitable d'accorder aux greffiers cette légère augmentation destinée à rémunérer, dans une certaine mesure, le surcroît de travail que leur occasionnera l'application de la législation nouvelle ;

2° L'art. 13, § 2, modifie le mode de payement des bulletins n° 1 rédigés par les greffiers des juridictions militaires et maritimes.

A part ces deux inconvénients, les parquets et les greffiers n'auront qu'à se conformer aux prescriptions suivies jusqu'à ce jour et dont les principales sont d'ailleurs rappelées par les deux articles susvisés.

VI

DE LA RÉHABILITATION DE DROIT

51. — L'art. 10 de la loi crée et organise la réhabilita-tion de droit introduite dans le projet au cours de la dis-cussion devant le Sénat.

Le législateur a voulu établir une étroite corrélation entre la prescription des mentions du bulletin n⁰ 3, édic-tée par l'art. 8, et la réhabilitation de droit.

Cette dernière faveur doit être nécessairement précé-dée de la prescription des mentions ; elle est acquise à l'expiration de délais qui varient comme ceux de l'art. 8 et dans les mêmes conditions, mais qui tous ont le même point de départ fixé au jour de l'expiration de la peine corporelle ou du payement de l'amende.

La remise par voie de grâce doit d'ailleurs, de même que pour la prescription des mentions, équivaloir à l'exécution des peines ; l'exécution de la contrainte par corps équivaut aussi au payement de l'amende.

Mais la prescription de la peine n'a pas le même effet ; la loi du 5 août 1899 ne contient aucune disposition ana-logue à celle de la loi du 10 mars 1898 qui, en modifiant l'art. 634, C. instr. crim., a ouvert l'accès de la réhabili-tation judiciaire aux condamnés ayant prescrit contre l'exécution de la peine.

Sur ce point, d'ailleurs, comme pour la fixation du point de départ du délai en cas de libération condition-nelle, je ne puis que renvoyer aux explications déjà don-nées plus haut (n⁰ 39).

52. — Les termes employés par les art. 8 et 10 ne peu-vent s'appliquer ni aux décisions disciplinaires ni aux faillites qui se trouvent dès lors nécessairement exclues de la double faveur accordée par la loi du 5 août 1899.

Par suite, la réhabilitation ne peut, comme par le passé, être acquise que conformément aux dispositions des art. 604 et suiv. C. comm. pour les faillis et de la loi du 19 mars 1864, pour les officiers publics ou ministériels destitués.

53. — Une simple condamnation à l'amende ne met pas obstacle à la réhabilitation de droit (art. 10, § 1) et, par conséquent, ne modifie ni le point de départ ni la durée du délai d'épreuve, si elle intervient dans la période subséquente à celle de la prescription de la mention au bulletin, n° 3.

Mais la réhabilitation acquise pour la condamnation antérieure ne s'étend pas à la condamnation à l'amende survenue depuis. Celle-ci pourra disparaître à son tour à l'expiration d'un délai spécial commençant à courir après le payement de l'amende.

54. — La réhabilitation de droit a identiquement les mêmes effets que la réhabilitation ordinaire. Il importe donc que, dès qu'elle se révèle, elle soit immédiatement constatée.

Sans doute, les greffiers ne sauraient être astreints à rechercher d'office les personnes qui peuvent dès maintenant en profiter. Mais lorsque, à l'occasion de la délivrance d'un bulletin n° 2 ou n° 3, ils s'apercevront qu'elle est acquise, ils devront en faire mention sur le bulletin n° 1, l'inscrire également sur le bulletin n° 2 qui est le relevé intégral des bulletins n° 1 ou rédiger en conséquence le bulletin n° 3.

Au point de vue spécial du casier judiciaire, la réhabilitation de droit a pour conséquence de faire disparaître du bulletin n° 3, définitivement et sans qu'elles puissent jamais revivre, les mentions relatives aux condamnations à l'égard desquelles elle est intervenue.

55. — Pour toutes les condamnations exécutées avant la promulgation de la loi du 5 août 1899, la seule ins-

pection du bulletin n° **1** ne permet pas de dire avec certitude si la réhabilitation de droit, est acquise, puisque
l'exécution des peines n'y est pas mentionnée. Mais dès
qu'il paraît probable que l'art. **10** peut trouver son application, les intéressés qui demandent un bulletin n° **3**
doivent être invités à produire les justifications nécessaires et les parquets sont dans l'obligation de leur prêter, à cet effet, le concours le plus actif et le plus bien-
veillant.

Il convient tout spécialement de vérifier, avant d'ins-
truire une demande de réhabilitation judiciaire, si les
conditions de réhabilitation de droit ne se trouvent pas
réalisées.

56. — S'il se produit quelque contestation sur la réhabilitation de droit, la question peut être, aux termes de
l'art. **10**, § 3, portée devant le tribunal du domicile de
l'intéressé, qui statue dans les formes et suivant les conditions prévues par l'art. **14**. Cette disposition ne me
paraît donner lieu à aucun commentaire.

Je crois devoir vous signaler seulement que, tandis
que la juridiction compétente, dans les cas prévus à
l'art. **14**, doit être presque toujours par la force même
des choses, une juridiction répressive, lorsqu'il s'agit
spécialement d'une difficulté relative à la réhabilitation
ce sera le tribunal civil qui, en raison de la formule em-
ployée par l'art. **10**, § 8, aura compétence.

VII

DES INFRACTIONS PRÉVUES PAR L'ARTICLE **11** DE LA LOI

57. — Les infractions prévues par l'art. **11** de la loi
devront être énergiquement poursuivies, parce qu'elles
peuvent causer un préjudice sérieux et quelquefois irré-
parable à ceux qui en sont les victimes.

En réalité, la plupart de ces infractions constituaient des faux qui se trouvent correctionnalisés par la loi nouvelle. Par suite, la réserve de l'art. 11, « sans préjudice des poursuites exercées pour crimes de faux s'il y échet», trouvera rarement une application pratique ; on peut concevoir cependant une double poursuite, criminelle et correctionnelle, par la production de pièces falsifiées les fausses déclarations punies par l'art. 11.

VIII

DE LA RECTIFICATION DU CASIER JUDICIAIRE

58. — Malgré la généralité des termes employés par le § 1er de l'art. 14, il résulte du contexte même des autres paragraphes et du commentaire donné par le rapporteur de la loi au Sénat, que la procédure de cet article s'applique uniquement au cas où la mention erronée portée au casier judiciaire provient de ce qu'une condamnation prononcée sous le nom d'une personne ne lui est, en réalité, pas applicable. La rectification du casier n'est que la conséquence d'une rectification préalable de l'arrêt ou du jugement.

Les parquets ne devront pas perdre de vue que l'art. 14 les autorise, concurremment avec les intéressés, à prendre l'initiative de la procédure en rectification. Ils n'hésiteront pas à user dans la plus large mesure, d'un droit dont l'exercice intéresse au plus haut point l'ordre public.

59. — Avant de terminer ces instructions, je crois devoir vous faire connaître, monsieur le procureur général, qu'à la séance du Sénat du 4 décembre 1899, j'ai déposé un projet de loi tendant à modifier sur certains points la loi du 5 août 1899.

Ce projet n'a d'autre but que de faire disparaître quelques imperfections et de réaliser certaines améliorations de détail sans porter atteinte à l'esprit de la loi.

Ses dispositions peuvent se résumer ainsi qu'il suit :

1° Le droit de demander un bulletin n° 2 serait concédé au préfet de police, aux présidents des tribunaux de commerce, pour être joint aux procédures de faillite ; aux administrations publiques, pour l'instruction de demandes ou propositions relatives à des distinctions honorifiques ;

2° L'autorité administrative du lieu du domicile après avoir, à l'aide des duplicata des bulletins n° 1 prévus par l'art. 5, § **2**, rectifié la liste électorale, enverrait ces duplicata à la sous-préfecture du lieu d'origine où sera maintenu, comme par le passé, le casier électoral ;

3° Le délai d'épreuve de l'art. 8, n° **1**, serait porté à deux ans, mais, par contre, serait supprimé la restriction d'après laquelle ce texte n'est pas applicable aux condamnations qui entraînent une incapacité civile ou politique.

4° L'erreur matérielle signalée dans l'art. **12** (n° 44 *suprà)* disparaîtrait.

5° La procédure prévue par l'art. **14** s'appliquerait à toutes les contestations relatives à la réhabilitation de droit, à l'interprétation des lois d'amnistie, et servirait aussi à résoudre les difficultés auxquelles donneraient lieu les art. **7, 8** et **9** de la loi. Dans tous les cas, la juridiction compétente serait le tribunal correctionnel du domicile de l'intéressé.

60. — Je n'ai pas besoin, monsieur le procureur général, de vous signaler l'extrême importance que j'attache à la stricte exécution des instructions qui précèdent.

S'il se présente quelque question dont la solution inspire à vos substituts des doutes sérieux, ils auront à vous en référer et vous n'hésiterez pas, à votre tour, à saisir, le cas échéant, ma chancellerie. Je désire toutefois que, dans la mesure la plus large, il soit fait appel à l'interprétation judiciaire, et je vous recommande de signaler les décisions intéressantes qui interviendraient à cet égard.

La tâche qui incombera au magistrat du parquet et aux greffiers sera parfois délicate et exigera une application toujours soutenue et une attention sans cesse en éveil. Pour la bien remplir, ils devront se pénétrer des intentions généreuses qui ont guidé le législateur et que j'ai pris soin de préciser à différentes reprises.

Je ne doute pas que tous n'aient à cœur de concourir à une œuvre qui, sous l'apparence d'une réforme limitée à un objet très spécial, a, dans l'esprit du législateur, une haute portée sociale et un but humanitaire nettement déterminé.

Je vous prie de m'accuser réception de cette circulaire qui sera d'ailleurs publiée au *Journal officiel* et dont je vous adresse des exemplaires en nombre suffisant pour vos substituts et pour les greffiers des cours et tribunaux civils et de commerce de votre ressort.

Recevez, etc.

LOI portant modifications de la loi du 5 août 1899 sur le casier judiciaire et sur la réhabilitation de droit.

(du 11 juillet 1900, *J. Off.* du 17)

Art. 1er. — Les articles 3, 4, 5, 7, 8, 10, 11, 12 et 14 de la loi du 3 août 1899 sont modifiés ainsi qu'il suit :

« Art. 3. — Le casier judiciaire central, institué au ministère de la justice, reçoit les bulletins n° 1 concernant les personnes nées à l'étranger et dans les colonies ou dont l'acte de naissance n'est pas retrouvé.

« Toutefois les bulletins n° 1 concernant les musulmans du Maroc, du Soudan et de la Tripolitaine sont centralisés au greffe de la cour d'Alger.

« Art. 4. — Le relevé intégral des bulletins n° 1 applicables à la même personne est porté sur un bulletin appelé bulletin n° 2.

« Il est délivré aux magistrats du parquet et de l'instruction, au préfet de police, aux présidents des tribunaux de commerce, pour être joint aux procédures de faillites et de liquidations judiciaires, aux autorités militaires et maritimes pour les appelés des classes et de l'inscription maritime ainsi que pour les jeunes gens qui demandent à contracter un engagement, et aux sociétés de patronnages reconnues d'utilité publique ou spécialement autorisées à cet effet, pour les personnes assitées par elles.

« Il est aussi délivré aux juges de paix qui le réclameront pour le jugement d'une contestation en matière d'inscription sur les listes électorales.

« Il l'est également aux administrations publiques de

l'Etat, saisies de demandes d'emplois publics, de provisions relatives à des distinctions honorifiques, ou de soumission pour les adjudications de travaux ou de marchés publics, ou en vue de poursuites disciplinaires ou de l'ouverture d'une école privée. conformément à la loi du 30 octobre 1886.

« Toutefois, la mention des décisions prononcées en vertu de l'article 66 du Code pénal n'est faite que sur les bulletins délivrés aux magistrats et au préfet de police.

« Les bulletins n° 2 réclamés par les administrations publiques de l'Etat; pour l'exercice des droits politiques ne comprennent que les décisions entraînant des incapacités prévues par les lois relatives à l'exercice des droits politiques.

« Lorsqu'il n'existe pas de bulletin n° 1 au casier judiciaire, le bulletin n° 2 porte la mention : Néant.

« ART. 5. — En cas de condamnation. faillite, liquidation judiciaire ou destitution d'un officier ministériel prononcée contre un individu soumis à l'obligation du service militaire ou maritime, il en est donné connaissance aux autorités militaires ou maritimes par l'envoi d'un duplicata du bulletin n° 1.

« Un duplicata de chaque bulletin n° 1. constatant une décision entraînant la privation des droits électoraux, est adressé à l'autorité administrative du domicile de tout français ou de tout étranger naturalisé.

« Cette autorité prend les mesures nécessaires en vue de la rectification de la liste électorale et renvoie, si le condamné est né en France, le duplicata à la sous-préfecture de son arrondissement d'origine.

« ART. 7. — Ne sont pas inscrits au bulletin n° 3 :

« 1° Lés décisions prononcées par application de l'article 66 du code pénal ;

« 2° Les condamnations effacées par la réhabilitation

ou par l'application de l'article 4 de la loi du 26 mars 1891 sur l'atténuation et l'aggravation des peines ;

« 3° Les condamnations prononcées en pays étranger pour des faits non prévus par les lois pénales françaises ;

« 4° . . . .

« ART. 8. — Cessent d'être inscrits au bulletin n° 3 délivré au simple particulier :

« 1° Deux ans après l'expiration de la peine corporelle, la condamnation unique à moins de six jours d'emprisonnement, ou à cette peine jointe à une amende ne dépassant pas vingt-cinq francs (25 fr.) ; deux ans après qu'elle sera devenue définitive, la condamnation unique à une amende ne dépassant pas cinquante francs (50 fr.) :

« 2° Cinq ans après l'expiration de la peine corporelle, la condamnation unique à six mois ou moins de six mois d'emprisonnement, ou à cette peine jointe à une amende cinq ans après qu'elles seront devenues définitives, les condamnations à une amende supérieure à cinquante francs (50 fr.) ;

« 3° Dix ans après l'expiration des peines corporelles, la condamnation unique à une peine de deux ans ou moins de deux ans, ou les condamnations multiples dont l'ensemble ne dépasse pas un an, ou à des peines jointes à des amendes.

« Dans le cas de concours de condamnations à des peines corporelles et de condamnations à des peines pécuniaires, le délai courra du jour où les peines corporelles auront été subies et où les condamnations pécuniaires seront devenues définitives ;

« 4° Quinze ans après l'expiration de la peine corporelle, la condamnation unique, supérieure à deux années d'emprisonnement, ou à cette peine jointe à une amende, le tout sans qu'il soit dérogé à l'article 4 de la loi du 26 mars 1891 sur l'atténuation et l'aggravation des peines.

« Lorsqu'une amende aura été prononcée principalement ou accessoirement à une autre peine, l'inscription ne cessera qu'après qu'elle aura été acquittée ou prescrite, à moins que le demandeur ne justifie de son indigence dans la forme prescrite par l'article 420 du code d'instruction criminelle.

« La remise totale ou partielle d'une peine par voie de grâce équivaudra à son exécution totale ou partielle.

« L'exécution de la contrainte par corps équivaudra au payement de l'amende.

« En cas de prescription de la peine corporelle, les délais commenceront à courir du jour où elle sera acquise.

« La preuve de la non-exécution de la peine sera à la charge du procureur de la République.

« Art. 10. — Lorsqu'il se sera écoulé dix ans, dans le cas prévu par l'article 8, paragraphes 1ᵉʳ et 2ᵉ, sans que le condamné ait subi de nouvelles condamnations à une peine autre que l'amende, la réhabilitation lui sera acquise de plein droit.

« Le délai sera de quinze ans dans les cas prévus par l'article 8, paragraphe 3, et de vingt ans dans le cas prévu par l'article 8, paragraphe 4.

Art. 11. — Quiconque aura pris le nom d'un tiers, dans des circonstances qui ont déterminé ou auraient pu déterminer l'inscription d'une condamnation au casier de ce tiers, sera puni de six mois à cinq ans d'emprisonnement, sans préjudice des poursuites à exercer pour le crime de faux, s'il y échet.

« Sera puni de la même peine celui qui, par de fausses déclarations relatives à l'état civil d'un inculpé, aura sciemment été la cause de l'inscription d'une condamnation sur le casier judiciaire d'un autre que cet inculpé.

« ART. 12. — Quiconque, en prenant un faux nom ou une fausse qualité, se fera délivrer le bulletin n° 3 d'un tiers sera puni d'un mois à un an d'emprisonnement.

« L'article 463 du code pénal sera dans tous les cas applicable.

« ART. 14. — Celui qui voudra faire rectifier une mention portée à son casier judiciaire présentera requête au président du tribunal ou de la cour qui aura rendu la décision.

« Si la décision a été rendue par une cour d'assises, la requête sera remise au premier président de la cour d'appel qui saisira la chambre correctionnelle de la cour.

« Le président communiquera la requête au ministère public et commettra un magistrat pour faire le rapport.

« Le tribunal ou la cour pourra ordonner d'assigner la personne objet de la condamnation.

« Dans le cas où la requête est rejetée, le requérant est condamné aux frais.

« Si la requête est admise, les frais seront supportés par celui qui aura été la cause de l'inscription reconnue erronée, s'il a été appelé dans l'instance. Dans le cas contraire ou dans celui de son insolvabilité, ils seront supportés par le Trésor.

« Le ministère public aura le droit d'agir d'office dans la même forme en rectification de casier judiciaire.

« Mention de la décision rendue sera faite en marge du jugement ou de l'arrêt visé par la demande en rectification.

« Ces actes, jugements et arrêts seront visés pour timbre et enregistrés en débet ».

Art. 2. — Les dispositions suivantes sont ajoutées à la loi du 5 août 1899 sous les articles 15 et 16.

« Art. 15. — En cas de contestation sur la réhabilitation de droit, ou de difficultés soulevées par l'application des articles 7, 8 et 9 de la présente loi, ou par l'interprétation d'une loi d'amnistie dans les termes de l'article 2, paragraphe 2, l'intéressé pourra s'adresser au tribunal correctionnel du lieu de son domicile ou à celui du lieu de sa naissance, suivant les formes et la procédure prescrites par l'article précédent.

« Art. 16. — Les instances prévues par les articles 14 et 15 sont débattues et jugées en chambre de conseil, sur le rapport du magistrat commis et le ministère public entendu.

« Les jugements ou arrêts sont susceptibles d'appel ou de pourvoi en cassation suivant les règles ordinaires du droit ».

COMMENTAIRE DES DEUX LOIS

Chapitre Ier. — Historique et utilité du casier judiciaire

La récidive étant un des éléments de la culpabilité, il est indispensable aux magistrats de connaître les antécédents judiciaires de tout inculpé.

En présence des difficultés qu'avait présentées la recherche de ces antécédents sous l'ancien droit et même dans le droit intermédiaire, malgré l'art. 29 de la loi du 19 vendémiaire an IV établissant dans chaque tribunal de première instance un bureau de renseignements correctionnels, le législateur de 1808 s'était efforcé d'en faciliter la découverte en obligeant, par l'art. 600 C. instr. crim., « les greffiers des tribunaux correctionnels et des cours d'assises » à « consigner, par ordre alphabétique, sur un registre particulier, les noms, prénoms, professions, âge et résidences de tous les individus condamnés à un emprisonnement correctionnel ou à une plus forte peine ». Ce registre doit, en outre, contenir « une notice sommaire de chaque affaire et de la condamnation, à peine de 50 francs d'amende pour chaque omission ». L'art. 601 ajoute : « Tous les trois mois, les greffiers enverront, sous peine de 100 francs d'amende, copie de ces registres au ministre de la justice et à celui de la police générale ». Et l'art. 602 porte : « Ces deux ministres feront tenir, dans la même forme, un registre général composé de ces diverses copies ».

Le « registre 600 », comme il est d'usage de l'appeler dans les greffes, rendit et rend encore des services considérables à la justice, mais l'accumulation des registres augmentait d'année en année la difficulté des recherches, et des erreurs en résultaient, de plus en plus fréquentes et dangereuses.

Un jurisconsulte éminent, M. Bonneville de Marsangy, conseiller à la Cour de Paris, inspira au ministre de la justice, M. Rouher, la fondation dans tout'greffe correctionnel d'une institution essentiellement utile et pratique, désignée sous le nom de « casier judiciaire ».

Une circulaire, signée le 6 novembre 1850 par le garde des sceaux, en détermina les bases et en réglementa les détails. Elle dispensait, en même temps, les greffiers d'envoyer au ministre de la justice une copie du « registre 600 ». C'était là une réforme, mais qu'une loi, seule, avait le pouvoir d'opérer. La circulaire, sur ce point, était illégale. Elle eut, en outre, le défaut de donner aux condamnations une publicité excessive : toute personne avait le droit d'obtenir une copie des fiches du casier, pourvu que le parquet l'y autorisât.

Une circulaire du 6 décembre 1876, due au libéralisme de M. Dufaure, garde des sceaux, vint heureusement interdire la délivrance de cette copie à tout autre qu'à la personne que concernaient ces fiches ou aux administrations publiques. M. le garde des sceaux Thévenet renouvela cette interdiction par une circulaire du 8 janvier 1890, motivée par quelques abus. L'existence de ces abus, si peu nombreux qu'ils fussent, légitimait l'intervention du législateur dans une matière trop importante, au surplus, pour être abandonnée à l'arbitraire d'une réglementation ministérielle.

Cependant, les lois du 14 août 1885, du 27 mars 1891 et du 26 janvier 1892 reconnurent force de loi à l'institution de 1850, sans la modifier. Cette modification fut l'objet de la loi du 5 août 1899. Avant d'étudier l'économie de cette loi, il est nécessaire d'examiner les rouages et le fonctionnement du casier judiciaire. Nous nous efforcerons de rendre cet examen aussi pratique et aussi clair que possible.

La circulaire du 6 novembre 1850 n'a laissé subsister au ministère de la justice qu'un casier central, destiné à recevoir les bulletins de condamnation : 1° des personnes nées à l'étranger ; 2° de celles nées aux colonies ; 3° de celles dont l'origine est inconnue. Ce casier central fut réglementé par les circulaires des 30 août 1855 et 10 décembre 1859.

La circulaire de 1850 avait donné le nom de *bulletins n° 1* aux fiches constatant les condamnations, et celui de *bulletins n° 2* aux extraits du casier judiciaire énumérant toutes les condamnations prononcées contre un même individu. La loi nouvelle a créé, comme nous le verrons, des *bulletins n° 3*, délivrés aux intéressés et n'indiquant que certaines condamnations.

Tout bulletin n° 1, rédigé par le greffe du tribunal qui a statué, doit être, depuis 1850, classé au casier judiciaire du greffe de l'arrondissement où est situé le lieu de naissance du condamné ; puis il est placé par ordre alphabétique dans une case portant l'initiale du nom de famille de ce condamné.

Le greffier pouvait, avant la loi de 1899, délivrer la copie intégrale des mentions portées à ces bulletins n° 1, dans les bulletins n° 2 délivrés aux condamnés, comme dans les bulletins n° 2 délivrés aux administrations et aux parquets. C'est sous la surveillance du procureur de l'arrondissement que le classement des bulletins n° 1 et la délivrance des bulletins n° 2 avaient et ont encore lieu. Le procureur général vérifie tous les bulletins n° 1, qui lui sont soumis dans la quinzaine qui suit le jugement consigné sur ces bulletins. En outre, le procureur de la République vérifie, au moins une fois par mois, l'état du casier judiciaire et surtout le classement des bulletins n° 1.

C'est à ce magistrat que doit être adressée toute demande de bulletin n° 2, même formée par une administration publique.

Lorsque aucun bulletin n° 1 ne se trouve au casier judiciaire, le bulletin n° 2 est délivré portant la mention *néant*.

Grâce à cet envoi des bulletins n° 1 au greffe du lieu de naissance et au minutieux classement fait de ces bulletins, la recherche des antécédents judiciaires est aisée, rapide et sûre. Il est aussi possible de vérifier la capacité juridique de tout citoyen, vérification qui présente un intérêt spécial, quand il est appelé à exercer une délégation ou un mandat public. Le casier judiciaire est surtout d'une utilité inappréciable aux magistrats, qui peuvent connaître exactement par lui les antécédents d'un inculpé. Avant la loi nouvelle, il permettait, en outre, à une personne en faisant travailler une autre, de savoir si cette dernière était digne de sa confiance : il suffisait d'exiger que l'employé, l'ouvrier, le domestique produisît un bulletin n° 2.

Chapitre II. — Inconvénients du casier judiciaire

Mais il y avait dans cette possibilité même d'exiger d'un salarié la production d'un bulletin faisant connaître son passé judiciaire la source de graves abus : pour une condamnation minime, n'entachant en rien l'honneur, un malheureux pouvait se voir fermer la porte des bureaux, des ateliers, des chantiers. Le fait se produisit trop de fois, aggravé par cette circonstance qu'une faute, si légère et si ancienne fût-elle, figurait au bulletin jusqu'à la réhabilitation.

Or la réhabilitation devait être prononcée par un arrêt. Jamais elle ne s'effectuait de plein droit, quel que fût le temps écoulé depuis la condamnation.

D'ailleurs, en regard des 3.000 réhabilitations (exactement 3.430 en 1896) qui, en moyenne, étaient accordées par an, il y avait lieu de placer les condamnations annuelles pour crimes et délits (191.349 affaires, 215.231 condamnés en 1896, dernière année dont la statistique ait été publiée par le ministère de la justice).

Du moins, un délit peu grave n'empêchait-il pas, en général, d'obtenir, de trouver un emploi rémunérateur : c'était trop déjà qu'il exclût le condamné de presque toutes les fonctions publiques et de beaucoup d'emplois privés. Mais l'inscription indéfinie au casier d'une condamnation pour délit contre la probité ou la moralité privait à jamais le condamné d'un salaire sérieux : il ne trouvait plus à faire que des besognes grossières et mal payées. Au lieu de se moraliser par le travail, il était à peu près voué au chômage, à l'oisiveté, au vice. N'y avait-il pas dans cette prescription véritable, suivant l'expression du rapporteur de la loi au Sénat, « une sorte de pénalité nouvelle, aggravant singulièrement la pénalité elle-même ? »

Le nombre des récidivistes correctionnels, qui était de 42.255 en 1856, s'est élevé à 92.825 en 1886, à 98.159 en 1889, à 105.380 en 1892. Grâce à la bienfaisante influence de la loi Bérenger, ce nombre a décru depuis lors : 104.528 en 1893, 104.644 en 1894, 99.434 en 1895, 97.271 en 1896. Les bénéficiaires de la loi Bérenger, qui étaient 17.881 en 1892, ont été graduellement 20.404 en 1893, 21.387 en 1894, 23.288 en 1895, 24.177 en 1896. Ce rapprochement est concluant, au point de vue des effets moralisateurs de la loi du 26 mars 1891. Mais n'est-il pas permis de penser que plus de condamnés encore eussent évité de retomber et se fussent efforcés d'obtenir la rémission de leurs fautes, s'ils n'avaient été voués à l'infamie par leur casier judiciaire ?

Chapitre III. — Travaux préparatoires de la loi du 5 août 1899

§ 1 *Commission extra-parlementaire.*— Cette situation faite aux condamnés par le casier judiciaire souleva de nombreuses protestations, et l'une des premières fut éloquemment formulée par Jules Simon.

Dès 1886, M. Demôle, garde des sceaux, interpellé par M. Delettre, exposait à la tribune les inconvénients du casier judiciaire et annonçait la préparation d'un projet de loi modifiant cette institution. Le 26 juillet 1890, M. Fallières, alors garde des sceaux, tenant à faire aboutir les réformes proposées, notamment par son prédécesseur, établit au ministère de la justice une commission extra-parlementaire de sénateurs, députés, magistrats et fonctionnaires du ministère de la justice, chargée d'étudier les réformes.

Elle rejeta la clandestinité du casier, demandée par M. Clausel de Coussergues, entre autres : en ne permettant qu'aux magistrats et aux administrations publiques d'obtenir un relevé du casier judiciaire, on eût supprimé tous les inconvénients de ce casier. Mais on fit justement observer qu'il était dangereux pour les honnêtes gens de ne pouvoir être renseignés sur les antécédents des malfaiteurs. Cette clandestinité eût, d'ailleurs, été mal accueillie par les ouvriers honnêtes, désireux de se distinguer des voleurs et des immoraux. Aussi certains membres de la commission se prononcèrent-ils pour le maintien du casier tel que l'avaient fait les circulaires de 1850 et de 1876. La majorité des commissaires adopta un système intermédiaire, proposé, notamment, par M. le sénateur Bérenger et destiné à parer aux dangers de la clandestinité comme à ceux de la publicité.

Ce système, devenu celui de la loi du 5 août 1899, maintenait le droit pour la justice et les administrations publiques d'obtenir une copie intégrale des bulletins n° 1. Il créait, pour les particuliers, un nouveau bulletin, le bulletin n° 3, ne reproduisant que les condamnations les plus graves et les plus récentes.

§ 2 *Examen par le Conseil d'État.* — Rapport de M. Jacquin. — Soumis au Conseil d'État, le projet rédigé par la commission extra-parlementaire fut rejeté par la section de législation, qui se prononça pour la clandestinité du casier judiciaire, puis par l'assemblée générale du conseil, qui vota en faveur du *statu quo.*

Cette assemblée repoussa le système de la clandestinité, pour plusieurs motifs, très justificatifs, dont les principaux ont été exposés dans un rapport de M. Jacquin, conseiller d'État, et n'accepta pas, non plus, la création proposée d'une troisième catégorie de bulletins pouvant être délivrés aux particuliers.

« Tout puissant que soit pour la société l'intérêt qui s'attache à l'amendement des coupables, il ne saurait, dit ce rapport, très remarquable, être poursuivi par des moyens de nature à porter préjudice aux travailleurs qui n'ont jamais cessé d'être honnêtes et à la protection desquels la société est intéressée à un plus haut degré encore.

« Si la suppression de la publicité du casier doit avoir pour résultat de faire attribuer à un libéré un emploi qui, ses antécédents étant connus, eût été réservé à un ouvrier indemne de toute condamnation, ne sera-ce pas très injustement que l'on privera celui-ci d'une place pour l'assurer à un moins honnête que lui ? Pour empêcher un libéré de retomber dans le mal, ne va-t-on pas y pousser un honnête homme ?

« Voyez aussi également, comme on l'a fait remarquer dans la discussion au Conseil d'Etat, quelle étrange conséquence résulterait du système de la clandestinité. On ne peut prétendre empêcher que le patron, n'ayant plus cette source facile de renseignements qu'il puisait dans le casier, n'interpelle celui qui sollicite un emploi sur ses antécédents. Or, si l'on veut que le casier reste interdit au public, c'est que l'on entend que le passé judiciaire ne sera point révélé : c'est dire au demandeur d'emploi qu'il doit nier les condamnations qu'il a pu encourir. La clandestinité, c'est l'excitation au mensonge par la loi elle-même.

« Qu'est-il besoin aussi de prohiber toute publicité si c'est l'intérêt seul des condamnés susceptibles d'amendement que l'on poursuit ? Cette préoccupation, très légitime assurément, ne saurait justifier la dissimulation des antécédents des pires malfaiteurs, de ceux qui, endurcis dans le mal, constituent un véritable danger social ; la sécurité publique, la sécurité individuelle exigent que l'on soit mis en garde contre les seconds. Que l'on distingue si l'on veut entre les uns et les autres pour établir des règles différentes ; mais, s'il faut aider les condamnés qui peuvent encore revenir au bien, ce n'est pas une raison pour faire aux malfaiteurs une situation identique à celle des honnêtes gens.

« Car enfin il faut bien voir aussi l'intérêt de ceux-ci dans la question, les services importants que leur rend l'institution du casier et les dangers à leur égard d'une suppression de toute publicité.

« Faute de pouvoir se renseigner légalement et avec certitude sur les antécédents judiciaires, les employeurs, pour nous servir d'une expression consacrée dans les débats auxquels a donné lieu cette discussion, vont donc être exposés à introduire dans leurs ateliers, dans leurs usines, dans leurs bureaux, sous le même toit qu'eux, jusque dans leur famille peut-être, des hommes dont la présence seule pourra constituer un danger, et ils n'en seront même pas avertis ! Ils imposeront, à leurs autres employés ou ouvriers honnêtes un contact qui pourra n'être pas sans graves conséquences, qui leur répugnerait dans tous les cas s'ils connaissaient le passé de leur nouveau camarade ; et celui-ci cependant se montrera comme eux, le front haut jouissant d'une sorte d'honnêteté légale.

« Voilà tout ce que pourrait prévenir l'Etat possédant les renseignements par devers lui, et il ne le ferait pas ! Il sacrifierait cet intérêt supérieur des honnêtes gens à la préoccupation de ménager les coupables !

« Mais, utile à l'employeur, cette publicité ne rend pas moins de services à la grande masse des citoyens dont l'honorabilité est toujours demeurée intacte et qui y trouvent un moyen aisé de faire preuve de cette honorabilité même.

« Le travailleur, l'ouvrier, que n'a jamais frappé la justice de son pays, et n'est-ce pas le plus grand nombre, peut, en justifiant de l'absence de toute condamnation par la production d'un bulletin néant, se procurer du travail et on lui retirerait cette arme pour assurer de l'occupation aux condamnés !

« Accusé injustement d'avoir comparu devant les Tribunaux, l'honnête homme n'a qu'à s'adresser au greffe pour obtenir un certificat établissant l'injustice de l'accusation, et on voudrait lui refuser cette preuve que l'Etat détient dans ses cartons !

« A un autre point de vue, la publicité du casier n'est-elle pas aussi efficace ? ne constitue-t-elle pas un mode de prévention sérieux ? « Salutaire avertissement, dit la circulaire du 6 novembre 1850, pour ceux que leur conscience seule ne retiendrait pas suffisamment dans la voie du devoir ». Combien n'ont pas été arrêtés au moment de commettre un délit par la crainte de voir leur condamnation figurer au casier judiciaire ?

« Si l'on consulte enfin les législations étrangères, partout où, à l'instar de la France, le mode de réunion des renseignements judiciaires a été établi, on constate

que l'on a admis la communication aux particuliers :
aucune législature n'a fait place à l'idée, de conserver
aux indications du casier un caractère occulte ».

Le conseil d'Etat n'a pas accepté non plus, comme
nous venons de le voir, le système proposé par la Commission parlementaire et créant une troisième catégorie de bulletins, qui, seuls, pourraient être délivrés aux
particuliers. M. Jacquin explique ainsi le rejet de ce
système :

« Certes le système peut être ingénieux, dans tous
les cas, sa complication ne saurait être niée. On s'effraie
de la besogne qui incombera aux greffiers chargés de
répondre aux demandes d'extraits : on peut se poser
sérieusement la question de savoir s'il leur sera véritablement possible de s'y reconnaître au milieu de toutes
ces prescriptions si diverses, de ces régimes si différents
faits à tels et tels délits. Quand on songe au grand nombre de bulletins qui sont demandés, est-il possible d'admettre que dans la pratique un tel système puisse effi-
cacement fonctionner ? Les erreurs ne sont-elles pas à
redouter, à prévoir même comme devant se produire
fatalement sans que le moindre reproche de négligence
puisse être fait aux greffiers ? Quelle science, quelle
attention, quel temps matériel seraient à exiger dorénavant des postulants à ces offices publics !

« Mais ce n'est pas la seule objection que soulève
contre lui le projet de loi : il se heurte à tous les inconvénients que les auteurs de la proposition au sein de la
Commission extra-parlementaire reprochaient aux autres
propositions transactionnelles entre la clandestinité et
la publicité complètes : comment arrêter à l'avance les
renseignements dont la connaissance peut être utile aux
tiers ?

« Ce n'est ni la qualification du fait délictueux ni
l'importance de la peine qui permettent de les détermi-

ner, c'est le plus souvent la nature même de l'emploi sollicité.

« Une condamnation, même unique, à quelques jours de prison pour violences et voies de fait, pour infraction aux lois sur la protection de l'enfance, devrait faire obstacle à l'obtention d'un emploi de précepteur, d'instituteur, d'employé dans des manufactures où se trouvent des enfants ; avec ce système, elle sera cependant dissimulée. Une condamnation même faible pour vol peut avoir été motivée par un entraînement résultant de la misère, du besoin, des souffrances de la famille ; elle ne devrait pas s'opposer à certains emplois purement matériels dans lesquels le condamné ne sera exposé à aucune tentation, et celle-là sera révélée publiquement.

« Qui ne sait que souvent, sous la qualification d'outrage public à la pudeur, se poursuivent certains faits ne dénotant cependant qu'une négligence, une absence de précautions ? Faut-il imposer à celui qui sera ainsi frappé ou à celui qui aura volé sous l'empire d'une exigence pressante, la flétrissure de l'inscription au casier quand on en dispensera des individus frappés pour vagabondage, pour filouterie, pour tromperie sur la nature ou la qualité des objets vendus, pour braconnage, pour espionnage même !

« Les distinctions tentées sont purement arbitraires ; elles ne satisfont pas plus aux motifs invoqués pour justifier la publicité qu'aux objections soulevées contre la publicité même, dans l'intérêt de l'amendement des libérés. Elles fournissent au public un casier tronqué, inexact, menteur, elles ne permettent plus à l'honnête homme de prouver qu'il n'a jamais subi de condamnation puisque toutes ne figureraient plus aux extraits ; si elles évitent les dangers de la publicité pour certains condamnés dont l'honorabilité a pu ne pas être gravement atteinte, elles laissent encore sous le coup des conséquences graves résultant de la divulgation, nombre d'autres dont le relèvement moral est encore possible.

« Le Conseil d'Etat s'est demandé un instant si, dans la loi du 26 mars 1891, qui permet aux tribunaux de prononcer le sursis à l'exécution des peines, on ne pourrait trouver la solution des difficultés. Les individus jugés dignes de bénéficier de cette mesure ne sont-ils pas précisément ceux dont on espère encore l'amendement ? Ne serait-il pas juste de leur accorder la suspension de l'inscription au casier comme devant, au même titre que la suspension à l'exécution de la peine, concourir à leur relèvement moral ?

« Si on les dispense de l'exécution, pourquoi révéler publiquement leur condamnation ? Ne serait-ce pas compromettre tout le bon effet que l'on attend de la première mesure ? La société n'a pas été jugée par le tribunal intéressé à ce que la peine fût exécutée ; serait-elle plus intéressée à ce que la faute fût divulguée ?

« Ces raisons avaient tout d'abord frappé l'attention du Conseil ; à l'examen, elles n'ont pas paru cependant suffisantes pour entraîner, dans ce cas, la dispense d'inscription.

« C'eût été aller beaucoup plus loin même que le projet de la Commission extraparlementaire : celui-ci n'accorde le bénéfice de la dispense qu'aux condamnations qui ne dépassent pas un mois d'emprisonnement ; la suspension de l'exécution peut s'appliquer à toute peine d'emprisonnement quelle qu'en soit la durée. Le projet refuse la dispense d'inscription à toute condamnation, toute minime qu'elle soit, pour vol, escroquerie, abus de confiance, outrage public à la pudeur, excitation de mineurs à la débauche, ces qualifications ne s'opposent pas à ce que le tribunal décide que l'exécution sera suspendue.

« Des peines même de cinq ans d'emprisonnement

pour un de ces faits graves au point de vue de l'honneur, de la probité, de la moralité, pourraient donc cesser d'être révélées au public, tout au moins quand elles constitueraient une première faute ».

§ 3. — *Examen par le Sénat.* — A. — *Travaux de la commission sénatoriale.* — Rapport de M. Godin. — Le projet de loi élaboré par la commission extra-parlementaire, discuté et profondément modifié par le Conseil d'Etat, revint au Sénat, où il avait fait l'objet d'un premier dépôt le **22** octobre **1891**. Une commission spéciale de neuf membres fut chargée d'examiner le projet amendé.

Elle adopta le système transactionnel proposé par la commission extra-parlementaire et choisit pour rapporteur M. Godin, qui déposa son rapport à la séance publique du **10** mars **1898**.

Ce rapport très précis, très clair, très complet, expose les origines du casier judiciaire et les services rendus par cette institution. Il étudie ensuite les inconvénients qui lui sont reprochés, puis il justifie les conclusions de la commission et fait un examen détaillé des articles du projet arrêté par elle, d'accord avec le gouvernement.

B. — *Première délibération (8 juillet 1898, 8 et 9 décembre 1898).* — Ce projet vint en discussion à la séance publique du 8 juillet. M. *Jules Godin, rapporteur,* en fit un remarquable exposé, en suivant l'ordre, essentiellement logique, de son rapport. Après un résumé très clair des trois systèmes en présence, il examina les propositions formulées devant la Commission par M. Bérenger, qui voulait « étendre le cercle des suppressions déjà contenues dans les articles relatifs aux bulletins n° **3** et qui demandait en outre de décider que la réhabilitation serait de droit au bout d'un certain nombre d'années ».

« Nous avons répondu à **M.** Bérenger, dit **M.** *le Rapporteur : Non est hic locus* : ce n'est pas ici la place ; ce n'est pas dans un projet de loi sur le casier judiciaire que nous devons insérer un article sur la réhabilitation. La loi sur la réhabilitation existe ; ce sont des articles du Code d'instruction criminelle qui en règlent les dispositions. Si M. Bérenger veut déposer une proposition de loi, le Sénat l'examinera ; mais nous, Commission du casier judiciaire, nous n'avons pas qualité pour traiter cette question et nous croyons que le Sénat fera sagement en l'écartant (*Marques d'approbation*) ».

Interrompue par la discussion du projet de loi relatif à l'espionnage, puis par les vacances parlementaires, la première délibération du projet concernant le casier judiciaire ne fut reprise qu'à la séance du 8 décembre 1898.

M. *Godin, rapporteur*, y fit connaître au Sénat que le Garde des Sceaux avait demandé, pendant cette interruption de cinq mois, « qu'un certain nombre de modifications fussent faites au projet présenté par ses prédécesseurs ». L'honorable rapporteur exposa ainsi ces modifications : « L'article 1er de la loi a pour but d'indiquer quelles sont les décisions judiciaires dont l'extrait doit être envoyé au tribunal du lieu de naissance de la personne condamnée. Cet article contient une série de paragraphes et, parmi eux, s'en trouvait un contenant l'indication des déchéances de la puissance paternelle. Les Gardes des Sceaux qui avaient précédé M. le Garde des Sceaux actuel, le Conseil d'Etat même, avaient estimé que, les déchéances de la puissance paternelle étant prononcées à raison de circonstances très graves, il y avait lieu d'en conserver la mention et, par suite, d'envoyer l'extrait au lieu de naissance de la personne dont la déchéance a été prononcée.

« M. le Garde des Sceaux estime aujourd'hui que la

déchéance de la puissance paternelle n'étant pas une condamnation, il y a lieu de la supprimer de l'énumération de l'article 1er.

« M. le Garde des Sceaux nous a demandé également de supprimer l'article 3 du projet primitif, qui avait pour but de mentionner sur le bulletin n° 1 qui est envoyé au greffe du tribunal, le signalement anthropométrique de la personne condamnée. Il a estimé que c'était là une mesure d'ordre administratif qui compliquerait singulièrement le bulletin n° 1 et qu'il valait mieux supprimer, au moins à titre de disposition législative, l'article inséré dans la loi.

« Mais les deux modifications principales que M. le Garde des Sceaux soutient et soutiendra devant le Sénat sont relatives au bulletin n° 3. M. le Garde des Sceaux estime que le bulletin n° 3, tel qu'il est établi par le projet, est quelque chose d'hybride, de peu compréhensible. Il pense que ce bulletin peut donner lieu à de très vives critiques et qu'il vaut mieux le supprimer. Il estime, que le bulletin à délivrer aux simples particuliers doit être en réalité, et sauf quelques exceptions, le bulletin ordinaire délivré aux administrations publiques et à la justice. Dans ces conditions, il a demandé à la Commission la suppression de l'article 7 de la loi, relatif à la création de ce bulletin.

« M. le Garde des Sceaux, d'autre part, admet le principe de la prescription du casier judiciaire. Il pense qu'au bout d'un certain nombre d'années, les condamnations prononcées contre une personne quelconque doivent être considérées, au point de vue du casier, comme prescrites et, comme telles, rayées des casiers délivrés aux particuliers.

« Il y a pour l'application de cette disposition des conditions que nous examinerons lorsque l'article viendra en discussion ; j'indique seulement, d'une manière générale, le principe d'où part **M.** le Garde des Sceaux.

« **M.** le Garde des Sceaux a admis enfin une autre disposition soutenue devant la Commission par l'honorable **M.** Bérenger : c'est la réhabilitation de droit. Ce principe est le suivant : après un certain nombre d'années, lorsqu'il n'est pas intervenu une nouvelle condamnation, la personne condamnée a acquis un véritable droit à être considérée comme n'ayant jamais été condamnée. Par suite, il a demandé l'insertion dans la loi d'un article : c'est l'article **10**. Nous examinerons, au moment où il viendra en discussion, dans quelles conditions cette réhabilitation doit être acceptée.

« Tels sont, messieurs, les principes que **M.** le Garde des Sceaux a posés devant la Commission et qui ont été introduits dans le texte nouveau proposé au Sénat.

« **M.** Bérenger, d'autre part, a déposé deux amendements qui viendront en discussion, sur les articles 9 et **10**, et où il demande d'étendre encore les principes qui y sont posés.

« Telles sont, messieurs, les modifications qui ont été apportées au texte primitif contenu dans le rapport que j'avais déposé. La Commission m'avait chargé de vous en donner l'indication. Nous verrons, au fur et à mesure de la discussion dans quelles conditions ces diverses dispositions se présentent, et le Sénat aura à opter entre les propositions primitives qui ont été présentées par les prédécesseurs de **M.** le Garde des Sceaux et les propositions nouvelles qu'il a l'intention de soutenir devant nous (*Très bien ! Très bien !*) ».

M. *Bérenger* prononce alors un éloquent discours (V. *Journal Officiel* du 9 décembre 1898, p. 966 à 970), dans lequel, après avoir fait un historique du casier judiciaire et rappelé qu'à l'origine ce casier n'était pas moins secret que les notices trimestrielles dressées par les greffes, il met en évidence les inconvénients de la publicité actuelle du casier, malgré la restriction apportée par les circulaires à cette publicité ; puis il montre en ces termes émouvants la situation faite par elle aux condamnés : « Malheur à eux, s'ils n'ont pas une famille qui puisse venir à leur aide ou s'ils n'ont pas quelques ressources personnelles ! Partout où ils se présenteront, on leur dira : « Apportez votre casier judiciaire, ou vous serez repoussé ».

« Or comment, dans ces conditions, pourraient-ils l'apporter ? C'est l'impossible qu'on leur demande ! Ils se retirent donc et vont ailleurs ; mais ailleurs même refus ; et ailleurs encore, même demande et même implacable impossibilité.

« Nous sommes en présence d'un homme sans ressources ; il ne peut se subvenir, faute de trouver un travail quelconque. Il faut vivre, cependant, peut-être faire vivre les siens. Vous ne pouvez exiger de lui l'héroïsme, d'ailleurs coupable, qu'il s'ôte la vie plutôt que de succomber.

« Que fera-t-il ? Hélas ! faute de mieux, il se jettera dans les professions interlopes, dans les occupations inavouées et quelquefois inavouables ; et c'est ainsi qu'un grand nombre — les statistiques criminelles nous l'apprennent et les rapports de l'administration de la justice criminelle ne le cachent pas — se trouveront inévitablement ,fatalement, rejetés dans la récidive.

« Mais voici qui est plus grave : une institution qui arrive à ce résultat de priver un homme même condamné, des ressources les plus nécessaires et à lui rendre la vie impossible, est assurément une aggravation de peine s'ajoutant à la peine prononcée, une peine accessoire, souvent plus terrible que la condamnation elle-même.

« Or cette peine accessoire, aucun tribunal ne l'a prononcée. Elle ne repose même pas sur la loi. Ce sont de simples circulaires qui l'ont instituée, et elle est perpétuelle ; elle ne cessera qu'avec la vie de l'individu. La peine prononcée n'a été que temporaire ; elle peut n'avoir été que d'une simple amende, peu importe. Quelle que soit l'ancienneté de la condamnation, quelle qu'ait été conduite des condamnés, la tache subsistera toujours et la jusqu'à la mort.

« C'est la marque, une marque plus cruelle que celle qui se faisait avec le fer rouge sur l'épaule ; car celle-là, au moins, se cachait sous l'habit, tandis que celle dont je parle, il faut la produire, et c'est celui même qui voudrait la cacher qui doit la produire, ou renoncer à tout espoir...

« Je sais la réponse qu'on fait souvent : il y a la réhabilitation par laquelle le casier judiciaire est effacé, et qui rend même jusqu'à l'exercice des droits politiques... Sans doute, lorsque le condamné revient, sa peine subie, au pays où on a su sa condamnation, il pourrait sans trop de risques, si la réhabilitation devait être immédiate, chercher à l'obtenir. Mais il faut attendre trois ou cinq ans, selon la gravité du cas, pour réclamer la réhabilitation. C'est une première difficulté... Mais supposez, et c'est le cas le plus fréquent, qu'après la condamnation cet individu, honteux d'avoir à en subir l'humiliation, dans son pays, l'ait quitté... Par une bonne fortune, la production de son casier n'a pas été nécessaire. Il a trouvé du travail, il s'est fait, par sa conduite et son esprit d'ordre, estimer de tous. Tout le monde témoignerait en sa faveur. Quelques années se passent ; arrive le moment où il pourrait réclamer sa réhabilitation ; croyez-vous qu'il le fera ? Peut-il véritablement le faire ? On ignore sa situation. Va-t-il s'exposer à voir tout révéler par une enquête et à perdre le fruit d'une situation si péniblement acquise ? Qu'est-ce qui pourrait le lui conseiller ? Dix ans, quinze ans s'écoulent ainsi. Rien ne surviendra ; il est tout à fait rassuré et il s'endort dans cette naturelle quiétude qui donne la satisfaction d'une situation péniblement acquise. Mais un événement se produit qui le met dans la nécessité de chercher un autre emploi. La maison qui l'occupait s'est fermée, on a changé de maîtres. Il faut chercher une autre place. On ne se contente plus des certificats. Le livret, dont pour ma part je regrette l'imprudente suppression, n'existe plus. Le Parlement a cru devoir l'abolir. C'est le casier qu'on réclame. Il ne peut pas le produire et il ne peut pas davantage réclamer la réhabilitation qui l'en affranchirait.

« Voici qui est plus douloureux : ce sera souvent la situation même qu'il se sera péniblement acquise qui viendra l'exposer au soupçon. Dans sa commune, il est devenu une sorte de personnage, mais il ne vote pas, il ne le peut pas ; ce serait commettre un nouveau délit. On s'en étonne. D'où vient cette indifférence, cette lâcheté ? Il faut qu'il vote ! Quelle excuse donner ? Et cependant, peut-il encore celui-là, confesser son passé en demandant sa réhabilitation ?

« Cet autre croit sa faute oubliée. Il y a si longtemps qu'il s'est, en raison de l'estime qu'il a su mériter, pardonné lui-même ! Il se rassure avec cette maxime, qui devrait être si vraie mais qui l'est si peu : que lorsqu'on a payé sa dette à la société, on ne lui doit plus rien. Il s'est laissé aller à entrer dans une famille honorable ; il a commis la faute de ne pas faire connaître son passé : il a des enfants. Faudra-t-il qu'il aille se dénoncer.

« Tel autre a été nommé conseiller municipal dans la commune qu'il habite depuis vingt-cinq ans, sans qu'il se soit présenté.

« Celui-ci a vécu si honorablement que la commission chargée de composer le jury l'a inscrit d'office sur la liste. Je pourrais vous citer la lettre désolée qu'il m'a écrite. Il est appelé devant le jury et là on produit en public le casier judiciaire qui le rend indigne de siéger. »

M. Bérenger lit, à l'appui de ce navrant exposé, quelques-unes des lettres adressées aux sociétés de patronage par des condamnés, qui, réhabilités par leur conduite, n'osent et ne peuvent demander la réhabilitation judiciaire.

Il fait ensuite connaître au Sénat que les sociétés de patronage ont eu souvent à intervenir entre des ouvriers condamnés à l'amende et des patrons qui refusaient obstinément d'employer ces ouvriers. « La moindre condamnation, l'amende elle-même, ajoute-t-il, est une cause d'exclusion ; j'en citerai un exemple récent. Un jeune homme condamné à 16 francs d'amende pour contravention de pêche, s'est vu refuser l'entrée d'une administration financière, parce que son casier judiciaire n'était pas en blanc. On est intervenu ; qu'est-ce, en effet, au point de vue de l'honnêteté, de la considération, même des relations du monde, qu'une condamnation à 16 francs d'amende ? On a répondu qu'on n'avait pas à discuter avec le casier judiciaire ; qu'il le fallait en blanc pour être reçu. Et c'est la règle à peu près partout ; excellent moyen pour se débarrasser d'une partie des demandes dont on est assailli ». En terminant l'énumération des abus auxquels a donné lieu la publicité du casier judiciaire, l'éminent orateur informe le Sénat, — qui manifeste son indignation de ce fait plus révoltant encore que les autres, — qu'il est des hospices dont le règlement s'oppose à l'admission d'un vieillard infirme et misérable s'il a une condamnation, même ancienne, à son casier judiciaire.

Il examine ensuite les remèdes qu'il convient d'apporter à cette situation faite aux condamnés par l'obligation que leur imposent partout maîtres et administrations, de produire un extrait du casier judiciaire. Il estime, avec M. Cazot, avec le directeur des affaires criminelles et plusieurs autres membres de la commission extraparlementaire, que le seul remède absolument efficace est la suppression de toute publicité, le casier judiciaire étant réservé aux magistrats. Mais, craignant de ne pas obtenir une réforme aussi complète, il demande au Sénat de sanctionner la proposition de loi qui lui est soumise. « En quoi consiste-t-elle ? En trois choses. D'abord une restriction des mentions du bulletin délivré aux parties ; puis ce que nous avons appelé, peut-être improprement, la prescription du casier après un temps d'épreuve. Enfin, la réhabilitation de droit après un temps plus long, dans les mêmes conditions. »

M. Bérenger, sur le premier point estime avec la commission que les mentions de l'extrait, délivré à l'intéressé, doivent être restreintes (outre les condamnations pour crime,) aux condamnations pour improbité et à celles pour outrages aux mœurs. Ainsi ce n'est pas l'importance de la peine, mais la nature de l'infraction qui eût servi de critérium, si la proposition primitive n'eût malheureusement été amendée.

La prescription du casier est fondée sur celle de la peine. « La peine accessoire réellement créée par le casier ne peut être perpétuelle, alors que la peine principale n'est que temporaire... Le casier judiciaire ne doit donc être que temporaire, non pas en ce qui concerne les renseignements donnés aux magistrats, bien entendu, ou à l'Etat, mais seulement lorsqu'il s'agit du bulletin délivré aux particuliers. »

Un assassin, qui a tué pour voler ou pour violer, échappe à toute poursuite après avoir déjoué pendant dix ans les recherches, s'il n'a été condamné par contumace et, dans le cas même d'une telle condamnation, il ne doit plus être aucunement inquiété, vingt ans après l'arrêt de contumace. Bien plus, il est en droit de pour-suivre pour diffamation quiconque lui reprocherait son crime, prouvé, cependant, par une décision de la Cour d'assises. « La prescription peut donc tout couvrir, s'écrie l'orateur. Le casier judiciaire sera-t-il la seule chose qu'elle n'atteindra pas ? Comment la peine, comment l'action publique elle-même se prescrivent, et la mention de la con-damnation seule restera imprescriptible ! Personne ne pourrait le soutenir, d'autant mieux qu'ici la prescription se présentera dans des conditions particulières, bien plus acceptables que celles dans lesquelles elle se pro-duit généralement. Ce sera, non pas la prescription auto-matique, brutale, qui interviendra, quelle qu'ait été la conduite de l'individu, par le fait seul de l'expiration de la durée de temps prescrite la loi, mais par la prescrip-tion méritée par cinq ans, dix ou quinze ans d'épreuve, suivant les cas, la prescription, récompense de la bonne conduite. »

Sur le troisième point, l'éloquent orateur s'exprime ainsi : « Puisque nous entrons dans cette voie d'accorder la prescription comme récompense à l'individu ancien-nement condamné et qui, pendant un long temps a échappé à toute condamnation, n'est-il pas légitime de lui en offrir une autre plus complète, lorsqu'il a justifié, par une épreuve plus prolongée, l'espoir placé en lui et de lui donner ainsi un nouveau stimulant à la bonne conduite ? Cette seconde récompense après dix, quinze, vingt ans, suivant le cas, sera la réhabilitation de droit». Cette réhabilitation, qui n'a été acceptée que par la mino-rité de la commission a reçu, par contre, l'approbation de plusieurs gardes des sceaux. Elle n'est pas, comme on l'a objecté, une innovation dangereuse. Elle n'est qu'une application nouvelle de la loi du 26 mars 1891. « Cinq ans passés sans condamnation nouvelle après un sursis obtenu, non seulement délivrent de l'inscription de la peine et de l'inscription au casier judiciaire, mais produisant la réhabilitation de droit. Voilà le principe entré alors dans nos lois. La proposition nouvelle n'en est que le légitime développement. Les peines seront souvent plus graves, dira-t-on. C'est possible, mais l'expiation sera plus longue, dix, quinze ou vingt ans. »

M. Bérenger expose ensuite les divergences d'opinion qui se sont produites au sujet du bulletin à délivrer aux particuliers. Tandis que le garde des sceaux estime « que ce serait tromper le public que de lui laisser présenter un casier tronqué », et que ce casier serait, d'ailleurs, un objet de défiance aux yeux du patron, qui exigerait alors un autre titre, « la carte électorale par exemple », la commission et, parmi elle, M. Bérenger ont adopté le principe de la restriction du bulletin n° 3, aux condamnations les plus graves. Au reproche de déloyauté adressé à ce principe, ils répondent que le bulletin n° 2 actuel n'est pas plus loyal : ce bulletin ne comprend en effet, ni les condamnations à l'emprisonnement prononcées par les tribunaux de simple police, ni les jugements qui envoient les mineurs en correction, « décisions cependant fort intéressantes à connaître pour un patron, car elles ont le plus souvent le vol pour cause ». Les condamnations effacées par une amnistie n'y figurent pas non plus. « Or, si autrefois l'amnistie était chose rare, et ne portait que sur des faits d'un ordre spécial, ayant peu de rapports avec les délits de droit commun, il n'en est plus de même. Ne voyons-nous pas aujourd'hui, des propositions d'amnistie faites à tout propos et quelquefois hors de propos ? » Enfin la réhabilitation judiciaire supprime du bulletin n° 2 les condamnations du réhabilité.

Quelles sont celles que la réhabilitation de droit y supprimerait ? « Ce sont d'abord les condamnations équivalentes à des peines de simple police. Les peines de simple police ne figurent pas sur le casier judiciaire :

c'est la règle actuelle. Pourquoi, quand elles sont prononcées par les tribunaux correctionnels, y figureraient-elles ?... Ce sont ensuite les peines prononcées contre les mineurs reconnus par les tribunaux comme ayant agi sans discernement, mais qui, cependant, vu leur état de minorité, ont été considérés comme excusables. N'est-ce pas naturel ? Du moment qu'on ne veut pas faire figurer la décision qui va les envoyer dans une colonie pénitentiaire, n'y a-t-il pas les mêmes raisons ? Faut-il que leur casier judiciaire constitue pour eux un obstacle fatal qu'ils rencontrent ensuite pendant le reste de leur vie ? »

Les délits de presse et les délits politiques sont également et justement exclus du bulletin n° 3.

Enfin, en sont exclues les condamnations avec sursis à moins d'un mois d'emprisonnement. Ces condamnations figurent actuellement sur le bulletin, mais avec la mention expresse qu'elles ont été accompagnée de sursis. En l'y faisant figurer sous cette forme, la législature de 1891 pensait « que cette mention du sursis désarmerait les patrons et qu'ils ne feraient pas état d'une condamnation semblable. Eh bien, remarque l'orateur, nous n'avons pas été heureux dans cette conjecture, nous nous sommes trompés et la condamnation avec sursis exclut de tout emploi et de tout atelier les malheureux qui l'ont encourue, aussi bien que la condamnation la plus grave. Les magistrats ont voulu pardonner; les patrons ne pardonnent pas et refusent sans commisération le travail. Est-ce admissible et ne faut-il pas revenir sur une décision qui a une pareille conséquence ? » En outre, la Commission est d'avis que les condamnations définitives doivent seules figurer au casier judiciaire. Or les condamnations avec sursis ne sont pas définitives.

En terminant, M. Bérenger apprécie ainsi la proposition de loi : « Quoique modeste, elle peut, j'en ai l'espoir, constituer une grande réforme. Permettez-moi de finir par une considération générale, qui me semble propre à vous frapper. On parle beaucoup de l'armée du crime et des dangers qu'elle fait courir à la société, on parle beaucoup de l'état de nos prisons, de cette promiscuité entre les condamnés qui achève de pervertir ceux qui ne le sont pas complètement et on réclame des réformes pour conjurer tous ces périls. Mais tout est difficile et peut entraîner d'énormes dépenses. Il en est une déjà réalisée en partie, la plus efficace à mon sens, de celles qui puissent être adoptées et dont les heureux résultats peuvent s'obtenir immédiatement et sans dépense : c'est celle qui consiste à séparer les bons des méchants et à rattacher les premiers au bien par le stimulant des récompenses et du pardon. Vous l'avez fait en 1891, en ce qui touche ceux que la justice a à punir. On voit aujourd'hui les bons effets de la loi.

« Il reste à le faire, après la peine subie pour ceux qu'une condamnation a atteints et qui se sont montrés dignes d'indulgence. Après avoir cherché à prévenir, il faut chercher à sauver.

« La loi qui vous est proposée vous en offre le moyen, messieurs. Faites luire la récompense, faites entrevoir le pardon au malheureux qui cherche à se relever et soyez convaincus que vous aurez beaucoup fait pour lutter contre l'un des fléaux les plus graves de l'époque actuelle, le danger de la récidive » (*Très bien ! et applaudissements*).

M. Lebret, Garde des Sceaux, ministre de la Justice, rappelle d'abord comment fonctionne le casier judiciaire, puis, examinant la question du bulletin n° 3, il répond aux arguments présentés par M. Bérenger. Si l'amnistie et la réhabilitation interdisent l'inscription au bulletin n° 2, c'est parce qu'elles effacent la condamnation et toutes ses conséquences « Quant aux décisions, prononcées en vertu de l'article 66 du Code pénal, décisions par lesquelles les mineurs auront été acquittés comme ayant agi sans discernement, alors même que les mineurs auront été envoyés dans une maison de correction, elles constituent des jugements d'acquittement et il n'y a pas de raison pour les faire figurer dans un bulletin de casier judiciaire destiné à un particulier.

« Les différences qui existent à l'heure actuelle entre le bulletin n° 1 destiné aux tribunaux, et le bulletin n° 2, délivré aux particuliers, se justifient pleinement. Il s'agit de savoir si on ira plus loin.

« Le projet de loi suppose l'établissement d'un bulletin n° 3. Je ne fais aucune difficulté à l'admettre et je comprends parfaitement que, puisque le bulletin délivré à un particulier n'est pas la reproduction identique de celui qui est délivré aux tribunaux, on le distingue par un numérotage particulier. Du reste, étant donnée la structure du projet de loi, il est beaucoup plus simple, à tous égards, d'admettre la création du bulletin n° 3, sauf à examiner ensuite ce qu'il devra renfermer, et c'est sur ce contenu du bulletin n° 3 que nous ne sommes plus d'accord.

« Je crois que nous devons, d'une manière générale, en ce qui concerne le bulletin n° 3, nous en tenir aux exceptions que j'ai signalées tout à l'heure, c'est-à-dire à celles qui sont la conséquence de l'application des principes mêmes du droit.

« J'estime qu'il ne faudrait pas aller plus loin ». A l'exception des condamnations prévues par le n° 3 de l'art. 7 (condamnations prononcées à l'étranger pour des faits non prévus par les lois pénales françaises) et qui ne doivent, évidemment, pas figurer au bulletin n° 2 non plus qu'au bulletin n° 3, le Garde des Sceaux estime « qu'il faut maintenir dans le bulletin n° 3 toutes les condamnations qui sont inscrites au bulletin n° 2 » (*Très bien ! très bien ! sur divers bancs*).

M. Lebret dit ensuite qu'il préférerait la clandestinité du casier à la délivrance de « certificats incomplets, inexacts, qui ne produiront que l'un ou l'autre de ces deux effets : ou ils tromperont les particuliers qui voudront s'y rapporter, ou on n'aura plus aucune confiance en eux et on ne s'en préoccupera plus (*Assentiment*)... Du reste, il y a des gens fort intéressants qui seraient absolument victimes de cette organisation nouvelle ; ce sont ceux qui n'ont jamais été condamnés (*Très bien ! très bien ! — C'est cela, sur divers bancs*).

« A ceux-là vous enlevez le moyen légal de prouver qu'ils n'ont jamais encouru de condamnation. Ils auront beau avoir un casier judiciaire absolument vierge, il n'en sera pas moins identique à celui du voisin, qui aura, lui, quelque peccadille à se reprocher. Il me semble que ces raisons sont suffisantes pour écarter la proposition de la commission...

« Je passe maintenant aux autres réformes que la commission a introduites dans son texte et auxquelles je suis absolument favorable... Je veux parler de ce que M. Bérenger appelait tout à l'heure la prescription du casier judiciaire et la réhabilitation du condamné. La *prescription du casier judiciaire* est une expression commode, bien qu'elle n'exprime pas absolument notre pensée. Je crois que ces deux réformes, qui sont proposées au Sénat, se rattachent l'une et l'autre, pour les condamnations anciennes, à l'idée qui a inspiré la loi du sursis. Et cependant, au lieu d'agir d'un seul coup, comme le fait la loi du sursis, nous avons opéré en quelque sorte par degrés. Nous avons exigé un premier stage, au bout duquel la condamnation disparaît du casier judiciaire, mais en subsistant quant à ses effets. Nous organisons ensuite un nouveau délai, après lequel la condamnation est effacée par une sorte de réhabilitation légale ».

Examinant d'abord la prescription du casier, l'orateur la définit ainsi : « Nous ne pouvons pas, pour les anciennes condamnations, examiner chaque espèce isolément, et voir, d'une façon précise, qu'elle était la situation du délinquant lorsqu'il a paru devant le tribunal ; nous nous attachons simplement à ce critérium qui, pendant un délai plus ou moins long, suivant l'importance de la condamnation, il n'en a encouru aucune autre, et nous disons : au bout de cinq, de dix ou de quinze ans à partir de l'exécution de la peine, la condamnation cessera de figurer sur le casier n° **3**.

« C'est là une première faveur ; mais, remarquez-le bien, ce n'est pas l'effacement de la condamnation, car les incapacités qu'elle pouvait entraîner dans le domaine du droit civil ou du droit politique subsistent comme la condamnation elle-même ».

Passant à la réhabilitation de droit « application de l'idée de la loi de sursis », le ministre de la Justice explique pourquoi il n'accepterait pas l'extension de cette faveur aux individus frappés de condamnations multiples. « Il ne faut pas oublier, dit-il, que, dans notre législation, nous avons une procédure de réhabilitation ; que, par une faveur spéciale et à la condition d'une bonne conduite maintenue pendant un temps très long, nous faisons au délinquant primaire la faveur d'effacer sa condamnation du casier judiciaire, de l'effacer ensuite des registres eux-mêmes qui la consacrent. Cela se conçoit parce que nous sommes en présence d'un individu qui n'a commis qu'une infraction, chez lequel, par conséquent, il n'y a pas d'instincts mauvais, révélés par la persévérance dans les délits ou les crimes. Mais lorsqu'il s'agit, au contraire, d'individus ayant encouru des peines successives, la voie ordinaire de la réhabilitation est ouverte. Pour ceux-là, il faut examiner la situation de plus près et les enquêtes établies par le législateur dans la loi sur la réhabilitation sont nécessaires. Nous ne voulons pas organiser pour eux la faveur que nous réservons à ceux qui n'ont commis qu'une faute, qui a pu être une erreur, rachetée par de longues années de bonne conduite et de travail ».

Appréciant l'œuvre législative à l'accomplissement de laquelle le Sénat est convié, M. Lebret dit, en terminant son discours : « Je suis persuadé que le Sénat appréciera les efforts que la commission et le Gouvernement ont faits pour tâcher d'arriver à une réforme sérieuse, qu'il comprendra l'intérêt qu'il y a à faire sortir la réglementation du casier judiciaire du domaine incertain et quelquefois flottant des circulaires, pour la faire entrer dans le domaine de la loi. Cette œuvre sera bonne ; elle pourra produire d'excellents effets et je suis certain que le Sénat tout entier s'y associera et votera cette loi, qui aura, soyez-en convaincus, d'excellents résultats au point de vue de la diminution de la criminalité (*Très bien ! très bien !*).

« M. Bérenger trouvera peut-être que nous n'allons pas assez loin. Nous savons très bien que, quand il s'agit de pitié pour des condamnés méritants, son cœur n'est jamais insensible. Il a apporté à la tribune des lettres qui nous ont profondément touchés ; mais, qu'il me permette de le lui dire, ces documents, si intéressants qu'ils soient, ne portent en somme, que sur des faits particuliers ; ce ne sont peut-être que des exceptions. Or, nous sommes appelés à légiférer pour l'ensemble des délinquants et des condamnés, et il serait peut-être dangereux de se laisser trop émouvoir par des situations intéressantes, et d'exercer au delà de ce qui est nécessaire la répression qui s'impose et qui est la protection même de la société (*Très bien ! très bien ! et applaudissements*). »

La discussion générale est close et le Sénat décide

qu'il passe à la discussion des articles du projet, puis il adopte, sans discussion, les six premiers articles.

Sur l'article 7, M. *Léopold Thézard* demande « le maintien du texte adopté par la majorité de la commission et, par conséquent, la création d'un bulletin n° 3 avec toute l'extension que comporte cet article 7 ». Il y voit « l'idée mère, l'idée dominante du projet, dont l'institution de ce bulletin n° 3 est précisément la raison d'être. D'où est né, en effet, le projet qui a été présenté tout d'abord par le Gouvernement représenté alors par notre honorable collègue M. Fallières, Garde des sceaux, qui a été ensuite élaboré par une commission extra-parlementaire, et qui a été, enfin, accepté par une majorité, faible, je le reconnais, mais par une majorité dans votre commission ? Ce projet qui tend à effacer certaines condamnations minimes du casier judiciaire destiné à être placé sous les yeux du public, il est né d'une observation des faits, de la pratique du casier et d'abus qui y sont révélés ».

L'orateur admet que les « condamnations graves, pour des faits portant atteinte à l'honneur ou à la probité » soient révélées aux tiers sur le bulletin n° 3 ; « mais si le casier ne porte qu'une condamnation légère, pour des faits qui n'attaquent ni la probité, ni l'honneur, si même elle porte plusieurs condamnations, mais pour des faits absolument minimes, on peut, il me semble , dire, sauf à discuter, si tel ou tel fait a ou non ce caractère de gravité, que ce casier ne prouve rien au point de vue moral contre son auteur. On peut avoir subi de ces condamnations légères et être aussi honnêtes homme que celui dont le casier est absolument immaculé ». Mais, dit-on, le particulier ou la compagnie à laquelle s'adressera la demande d'emploi saura faire la distinction entre les infractions sans importance et les délits graves ; il importe donc peu de laisser toutes les condamnations inscrites à l'extrait délivré au condamné. « C'est justement là qu'est l'erreur, réplique M. Thézard, et c'est ici qu'apparaît le fait d'observation que vous signalait tout à l'heure l'honorable M. Bérenger et d'où résulte le mal auquel nous avons l'intention de remédier. Si la demande d'emploi s'adresse à un particulier, il est très difficile d'exiger de lui qu'il entre dans cet examen approfondi des circonstances de la condamnation. Pour beaucoup de gens, c'est trop présumer de leur clair-voyance ou de leur esprit d'humanité... Si on s'adresse aux grandes compagnies, les compagnies de chemin de fer, par exemple, le même phénomène se reproduit avec une physionomie peu différente. Ces compagnies, vous le savez tous, sont assaillies d'innombrables demandes, et il leur est impossible de faire une enquête sur chacun des postulants en particulier ; on est donc obligé de recourir à des procédés d'élimination en quelque sorte automatiques, mécaniques, et l'inspection du casier judiciaire est un de ces procédés ; la candidature est repoussée sans être examinée en elle-même . . . . .

« Il arrive ainsi, par une fatalité de fait, qui n'est pas rationnelle, si vous voulez, mais qui existe, que pour une faute insignifiante ou depuis longtemps réparée par la bonne conduite, un homme se voit préférer un autre candidat, qui, au fond, n'offre pas les mêmes garanties au point de vue moral. Est-ce que vous croyez, par exemple, qu'un homme qui a été déchu de la puissance paternelle, qu'un officier ministériel qui a été destitué, dans le cas même où on n'a pas prononcé spécialement l'incapacité électorale, qu'un homme qui a été destitué de la tutelle, qu'un individu contre lequel le divorce a été prononcé pour certaines causes, ne sont pas aussi indignes que celui qui a été condamné à 16 francs d'amende pour un délit ou une contravention insigni-fiante ? Et cependant le casier judiciaire, dont M. le

Garde des sceaux voulait faire le miroir fidèle, l'expression absolue de la moralité des gens, dénoncera celui qui aura encouru 16 francs d'amende pour délit de chasse et ne dénoncera pas le père indigne qui aura été déchu de la puissance paternelle.

« De là cette conséquence déplorable : l'homme qui a un casier judiciaire, portant une condamnation quelconque, sera repoussé de tous les emplois ; cet homme se trouvera rejeté à la misère et, souvent aussi, il faut le dire, à la criminalité véritable.

« C'est à ce mal, messieurs, que nous avons voulu remédier. Nous avons considéré qu'il y avait là un intérêt social à laisser dans l'ombre ces petites condamnations qui ne sont en somme que des misères et qui ne peuvent pas être la mesure de la moralité des personnes (*Très bien ! très bien sur divers bancs*).

« Nous nous sommes dit : ce discernement, nous ne pouvons pas l'exiger des individus auprès desquels se présentent les solliciteurs d'emplois, le législateur peut le manifester lui-même, et c'est ainsi qu'après des discussions très approfondies, avec une grande circonspection, nous avons essayé de dégager toutes ces petites condamnations, qui, en réalité, ne portent pas atteinte à l'honneur et à la probité.

« On pourra critiquer, discuter notre œuvre dans les détails, mais le principe lui-même nous en semble évident (*Très bien !*) ».

Sans doute, la distinction entre les jugements à inscrire et ceux à ne pas inscrire est « un peu arbitraire », mais cet arbitraire est « fatal, inévitable, toutes les fois qu'on veut trouver une limite : cet arbitraire n'est-il pas fatal et inévitable aussi dans les décisions de la justice quand elle se meut entre un maximum et un minimum ?..... La perfection est impossible ; mais parce qu'on ne peut pas arriver à la perfection, est-ce une raison pour rejeter un progrès ? »

On a objecté, en outre, que la réforme proposée nuirait à l'honnête homme, qui ne pourrait plus démontrer la netteté de ses antécédents par la production d'un bulletin, dont la sincérité serait contestable. « Je n'attache pas, quant à moi, dit M. Thézard, autrement d'importance à cet argument. Le casier judiciaire est une preuve de moralité purement négative. On peut avoir un casier judiciaire immaculé et être un parfait malhonnête homme. Le casier n'a donc qu'une valeur négative qu'il conserve tout entière l'orsqu'on en efface des condamnations minimes qui ne sont pas plus graves que les quelques condamnations civiles auxquelles je faisais allusion tout à l'heure Ce qu'il résultera de là, lorsqu'on aura des doutes sur la virginité absolue du casier judiciaire c'est qu'on sera amené à faire de plus près cette enquête individuelle, qui serait désirable dans tous les cas, à reconnaître la véritable valeur morale de l'homme, mais je dénit au casier judiciaire de quelque façon que vous l'organisiez, cette qualité de pouvoir être un critérium, une mesure adéquate de cette valeur morale de l'homme.

« Franchement, peut-on dire *a priori* : celui-là qui présente aujourd'hui un casier judiciaire absolument blanc offre par ce seul fait, plus de garanties d'honnêteté, de probité, que tel autre dont le casier judiciaire porte une condamnation insignifiante ? Evidemment non.

« La mesure de la moralité ne peut résulter que de l'examen individuel ; le casier judiciaire ne peut donner qu'une approximation...

M. *Bérenger* : « Très bien !

M. *Léopold Thézard* : «... et nous ne voulons pas que cette approximation soit une cause d'erreur, en grossissant outre mesure, par leur inscription sur un document judiciaire, des faits qui constituent en réalité des fautes absolument vénielles.

« Vous verrez, en examinant le détail, si nous avons bien choisi les limites que nous avons adoptées, si nous avons été trop sévères ou, au contraire trop indulgents, mais, quant au principe lui-même, il me semble absolument incontestable »..

D'ailleurs, « M. le Garde des sceaux admet, avec l'article 8 du projet de la commission, qu'une condamnation à six mois de prison, quelle qu'en soit la cause, pourvu qu'elle soit unique, doit disparaître de plein droit de ce casier au bout de cinq ans. J'accepte, messieurs, cette solution, mais je considère qu'elle doit entraîner, à plus forte raison, celle que nous vous proposons.

« Et d'abord, ne m'est-il pas permis de dire que ces limitations quant à la durée des peines et quant aux délais après lesquels la disparition du casier judiciaire serait acquise, encourent exactement le même reproche d'arbitraire que l'on faisait tout à l'heure aux dispositions de notre article 7? D'un autre côté, quelle sera la conséquence du système qui vous est proposé par M. le Garde des sceaux? La voici : un individu, il y a cinq ans, condamné à six mois de prison pour vol, pour escroquerie, pour attentat aux mœurs, ira présenter, le lendemain de la cinquième année, un casier judiciaire absolument immaculé ; et celui qui, il y a quatre ans et onze mois aura été condamné à 16 fr. d'amende pour délit de chasse, pour délit de pêche ou pour n'importe quel délit se rapprochant de la contravention, celui-là verra cette condamnation inscrite à son casier judiciaire, et s'il y a un emploi à donner à l'un d'eux, c'est le premier qui sera préféré, parce qu'il aura présenté un casier judiciaire intact.

« On disait tout à l'heure que le casier judiciaire ne devait pas être un instrument de tromperie à l'égard des tiers. Je vous demande si, dans ce cas, la tromperie ne sera pas plus grave que dans notre système qui efface, *de plano* et dès le premier moment, les condamnations minimes et certaines condamnations uniques?...

« Notre système, messieurs, celui que la Commission vous présente, celui que je vous demande d'adopter, n'est pas parfait, je l'ai déjà dit, la perfection n'est pas de ce monde, mais il constitue à nos yeux un progrès réel dans la voie de l'humanité et par là même, j'ose le dire dans la voie de la justice sociale (*Très bien ! très bien ! sur un grand nombre de bancs*).

Le paragraphe premier de l'article 7 est adopté. Ce paragraphe était proposé par la commission et accepté par le Gouvernement.

Le paragraphe 2 est ainsi conçu : 2° « Les condamnations à moins de six jours de prison ou à une amende ne dépassant pas 25 francs ou à ces deux peines réunies ».

M. *Ponthier de Chamaillard*, demande à M. le rapporteur si ce paragraphe 2 comprend toutes les condamnations, pour quelque cause qu'elles aient été prononcées. « S'applique-t-il, notamment aux condamnations à moins de six jours de prison soit pour vol, soit pour outrage public à la pudeur ? »

M. *Jules Godin, rapporteur* : « Le sens du paragraphe 2 est absolu : il vise toutes les condamnations à moins de six jours de prison, ou à une amende ne dépassant pas 25 fr., ou à ces deux peines réunies. »

M. *Ponthier de Chamaillard* fait alors observer que les condamnations à moins de cinq jours de prison pour vol ou pour outrage à la pudeur entraînent des déchéances au point de vue civil et au point de vue politique.

« Aux termes de l'article 283 du Code de procédure civile, ne doit pas être entendu dans sa déposition, quand il est reproché, le témoin qui a encouru simplement une peine d'un jour de prison pour vol. Je demande s'il n'est pas nécessaire que, sur le casier judiciaire, figure une condamnation qui emporte en elle-même une déchéance dont l'application peut-être demandée ?

« Veuillez remarquer, messieurs, que s'il arrivait à un plaideur, de reprocher un individu, en lui disant qu'il a commis un vol et qu'il a pour ce fait, été condamné à une peine de vingt-quatre heures de prison, cet individu aurait, si le casier judiciaire n'est pas publié, c'est-à-dire s'il ne doit pas être communiqué, le droit de ne pas répondre à la question qui lui aurait été posée. En tous cas, c'est une preuve qui échappe absolument. Je signale cet inconvénient, il y en a beaucoup d'autres ». C'est ainsi que les condamnations dont il s'agit privent ceux qui les ont encourues du droit d'être juré, soit dans les expropriations, soit à la Cour d'assises ».

Sans doute, ces condamnations sont connues des magistrats, mais elles ne le seront plus des particuliers, si elles sont retranchées du bulletin nº 3. Dès lors, « qu'est-ce, dit M. de Chamaillard, qui permettra à un individu qui va être jugé contrairement à sa volonté, par un citoyen qui a perdu ses droits de citoyen et ne peut pas, par suite, être membre du jury, de connaître la vérité et de la faire valoir, d'exiger la preuve à laquelle il a droit » ?

M. *Bérenger* : « Le particulier dont vous parlez, qui a intérêt à connaître la vérité, ne peut pas exiger de la personne qu'il soupçonne avoir été condamnée qu'elle apporte son casier judiciaire. Il fera part de ses soupçons au magistrat dont il est justiciable, le magistrat se fera représenter le casier ; le bulletin qu'on lui fournira sera le bulletin nº 2, qui contient toutes les condamnations sans exception ».

M. *de Chamaillard* : «.... De deux choses l'une ; ou le casier judiciaire doit être livré, dans l'intérêt public comme dans l'intérêt des particuliers, ou, au contraire, il doit être absolument secret.

« S'il est absolument secret, il est certain que ce n'est pas sur la requête, au dernier moment d'un particulier, que M. le procureur de la République aura le droit de faire une exception au principe qu'on aura posé dans la loi ».

M. *Bérenger* : « Le procureur de la République a, parmi ses attributions, la mission de tenir compte des incapacités de faire exécuter un jugement d'où résultent des incapacités. Par conséquent, il suffira de lui dénoncer les faits pour qu'il ait le droit de réclamer le bulletin ».

M. *de Chamaillard* : « De sorte que M. le procureur de la République devra me délivrer à moi, particulier ou avocat, je suppose, plaidant dans une affaire, ce bulletin que vous voulez absolument secret? (*Très bien*).

M. *Bérenger* : « Il ne le délivrera pas, il fera connaître ce qu'il comporte ».

Passant aux incapacités électorales, M. *de Chamaillard* prend pour exemple un individu condamné à cinq jours de prison pour vol, mais inscrit par erreur sur une liste électorale? Par quel moyen obtenir la radiation de ce condamné? Comment fournir au maire la preuve de l'incapacité nécessitant cette radiation, si le bulletin n° 3 ne fait pas mention de la condamnation à cinq jours? Et non seulement le condamné sera électeur, mais il sera éligible ! « De sorte que le véritable objet de la disposition semble être que, désormais dans de certaines matières très importantes, il devienne impossible de distinguer les honnêtes gens de ceux qui ne le sont pas (*Très bien! très bien! à droite*).

« Il faut au moins, à mon sens, ajoute l'orateur, que cet article 7, § 2, soit modifié par une addition, et qu'il soit ajouté au texte :

« Les condamnations à moins de six jours de pri-

« son ou à une amende ne dépassant pas 25 francs, ou
« à ces deux peines réunies » ces mots « lorsqu'elles
« n'emporteront pas déchéance de droits civils ou poli-
« tiques ».

« Si vous n'apportez pas, effectivement, cette restriction qui me paraît absolument nécessaire, si vous n'ajou-
tez pas ces mots au texte du paragraphe 2, il me paraît
indiscutable que, dans des affaires graves, sérieuses, les
droits des citoyens seront compromis, que la loi ne
pourra pas être appliquée et notamment à la requête de
ceux qui auront intérêt, comme ils en auront la volonté,
d'en revendiquer l'application.

« Savez-vous encore quels sont les abus singuliers qui
peuvent se produire en certaines matières ? C'est la complicité, par exemple, de certaines municipalités, lors de
la confection des listes électorales, complicité grâce à
laquelle des individus ne devant pas être maintenus sur
les listes seront, malgré la loi, malgré le texte du décret
de 1852, considérés comme électeurs, bien plus, comme
éligibles.

« Je ne pense pas, en effet, qu'un conseil de préfecture, saisi par exemple d'une protestation en matière
d'élections municipales, ait le droit, si votre loi est votée,
telle qu'elle est faite, de dire à celui dont l'élection est
attaquée, qu'il devra apporter la justification qu'il n'a
pas été condamné à une peine emportant une déchéance
quelconque, lorsqu'il s'agit, bien entendu, d'une peine
ne dépassant pas six jours de prison.

« En principe, par conséquent, je demande le rejet
du paragraphe 2 de l'article 7. Si ce rejet n'est pas prononcé, je demande tout au moins que ce paragraphe 2
ne soit maintenu qu'avec l'addition que je viens d'indiquer au Sénat et dont je viens de faire l'objet d'un
amendement écrit (*Très bien! très bien! à droite*) ».

M. *Bérenger* répond que l'institution d'un bulletin

nº 3, ne contenant pas toutes les condamnations privatives des droits politiques, ne modifiera en rien la pratique actuellement suivie en matière civile, aussi bien qu'en matière criminelle : le parquet fait connaître au tribunal saisi les antécédents complets du témoin à récuser, comme ceux du condamné privé de ses droits électoraux. « Quant au maire, ajoute-t-il, le cas me semble encore plus péremptoire. Vous avez, dans le projet même, un article qui ne fait que rendre légale une disposition qui existe aujourd'hui en vertu des circulaires, et cette disposition c'est que, lorsqu'une condamnation entraînant la privation des droits politiques est prononcée, le procureur de la République doit immédiatement en envoyer un extrait au maire de la commune où est né l'individu. De sorte que le maire, au fur et à mesure que les condamnations sont prononcées, reçoit tous les renseignements utiles pour dresser ses listes électorales et pour en exclure les gens qui ne doivent pas y figurer. Mais je suppose qu'il y ait eu une erreur, une inexactitude, une omission. Je suppose que le maire n'ait pas établi ses listes avec assez de soin. Votre honorable collègue supposait même de sa part une partialité qui, je l'espère, n'existerait pas... (*Exclamations et rires sur quelques bancs*) ». Il y aurait, en cas de fraude ou d'omission commise par le maire plusieurs moyens de réparer la faute de ce magistrat : « On peut d'abord dénoncer ce maire, et le magistrat auquel le maire sera dénoncé prendra les renseignements et interviendra si cela est utile. D'abord, j'imagine que l'acte très blâmable du maire sera réprimé ; en second lieu, la liste sera rétablie d'une façon régulière.

« Mais, sans aller si loin, le maire auquel on dénoncera le fait a le droit, comme magistrat administratif, ayant le devoir de veiller à la composition légale des listes électorales, de réclamer au lieu de naissance de l'individu un extrait de la condamnation, s'il suppose qu'une condamnation a été prononcée.

« Dans ces conditions, messieurs, le remède qu'on vous propose n'aurait aucune efficacité, et il est inutile de rien ajouter aux dispositions actuelles ».

M. *Léopold Faye* : « Il y a l'appel devant le juge de paix ».

M. *Jules Godin, rapporteur*, partage l'avis de M. de Chamaillard et contrairement à l'opinion de M. Thézard, qui estime qu'un témoin ne peut être obligé à produire un bulletin du casier le concernant, il soutient que ce bulletin pourra être exigé de lui et que, s'il est incomplet comme le bulletin nº 3 proposé, on ne pourra savoir si le témoin est reprochable ou non. « En matière d'élection, la situation sera encore bien plus grave, — et ce n'est pas sur l'espèce que citait M. de Chamaillard que je demande au Sénat la permission d'appeler son attention. — Voilà un candidat auquel on reproche d'avoir subi une condamnation à vingt-quatre ou quarante-huit heures de prison pour un fait quelconque, infamant ou non. Que la loi soit votée telle quelle est présentée, et ce candidat est dans l'impossibilité la plus absolue de prouver qu'il n'a pas subi cette condamnation.

« Comment voulez-vous, en effet, qu'il fasse pour l'établir ? Il demandera l'extrait de son casier judiciaire ; on lui délivrera le bulletin nº 3 dans les conditions prévues par la loi. Comme ce bulletin ne contient que les condamnations au-dessus de six jours de prison, son bulletin nº 3 ne prouvera absolument rien.

« Dans ces conditions, il est donc indispensable pour établir qu'on n'a pas subi de condamnation, que le bulletin nº 3, au point de vue de la quotité des condamnations, comprenne toutes les condamnations entraînant les incapacités quelconques.

« C'est pour ces motifs, messieurs, que nous nous

sommes ralliés dans la commission, M. Morellet et moi, à la suppression du paragraphe 2 de cet article.

« J'ajoute un dernier mot : on a parlé dans ce paragraphe des condamnations à 25 francs d'amende et cinq jours de prison. Or, cinq jours de prison, c'est une peine de simple police ; 25 francs d'amende, c'est une peine de police correctionnelle. Pourquoi 25 francs d'amende ? Pourquoi ne pas prendre 50 francs ou bien 16 francs ? Du moment où vous fixez un maximum vous tombez dans l'arbitraire le plus absolu.

« Dans ces condamnations, je crois qu'il n'y a qu'une seule chose à faire, c'est de repousser le paragraphe. J'estime que sa suppression s'impose et son maintien présenterait les plus grands inconvénients (*Approbation sur plusieurs bancs*) ».

M. *Ponthier de Chamaillard* : « Je voudrais simplement, en réponse à l'honorable M. Bérenger, présenter une hypothèse qui me paraît de nature à convaincre le Sénat. Un procès a lieu devant le tribunal de commerce où il n'y a pas de représentant du ministère public. J'ai intérêt à reprocher un témoin ; la partie adverse ne veut pas qu'il soit reproché. Je sais pertinemment qu'il a été condamné ; il ne veut pas l'avouer. Il faut que le tribunal sache la vérité. Cet homme a été condamné pour vol ; je ne veux pas qu'il soit entendu dans la cause qui se débat. Si le tribunal de commerce comprend à merveille que son témoignage est d'une essentielle importance dans le débat, il mettra, quoi qu'en dise l'honorable M. Thézard, au pied du mur le témoin récalcitrant et lui dira : « L'allégation est formelle ; le fait est pré- « cis, apportez votre casier judiciaire ». Il l'apportera, s'il veut être entendu, et en apportant son casier, il fera la preuve à laquelle le plaideur a droit sur la question de récusabilité. Voilà un exemple.

« J'en prends un autre en matière politique. J'ai contesté l'inscription de plus de dix citoyens ; je soutiens qu'ils sont illégalement inscrits sur les listes électorales, par application du décret de 1852, article 16, qui a prescrit certaines incapacités électorales résultant de condamnations. Devant le juge de paix, j'affirme les condamnations, j'en donne la date, je les indique ; comment faire la preuve ? En exigeant la production du bulletin n° 3, si le bulletin n° 3 porte le genre de condamnations auxquelles je fais allusion ».

M. *Bérenger* : « Le juge de paix a le droit de se faire délivrer le casier judiciaire ».

M. *de Chamaillard* : « Alors dites-le dans la loi ».

M. *Bérenger* : « C'est de pratique constante ».

M. *Thézard* : « C'est dit dans l'article précédent ».

M. *de Chamaillard* : « Si cela était dit dans l'article précédent, je n'aurais pas pris la parole ; mais il semble que l'article qui prévoit qu'on enverra aux administrations toutes les condamnations qui entraînent l'incapacité électorale ne mentionne pas les condamnations qui emportent d'autres déchéances. J'ajoute qu'il me paraît impossible que des particuliers puissent invoquer des causes d'inéligibilité lorsqu'ils ne peuvent pas faire la preuve qui résultera de l'indication de la date des condamnations par la présentation du casier judiciaire. Je demande donc au Sénat de rejeter le paragraphe 2 de l'article 7 ».

Le Sénat rejette ce paragraphe, puis il adopte le paragraphe 3.

M. *le Garde des sceaux* déclare que le gouvernement repousse le paragraphe 4, devant examiner avec la commission « s'il y a une distinction à faire entre la faillite et la liquidation judiciaire ». Le paragraphe 4 est rejeté, ainsi que le paragraphe 5, sur la demande du Garde des sceaux. Le paragraphe 6 est voté sans observation. Le paragraphe 6 est ainsi conçu : « Une première condamnation à un emprisonnement de trois mois ou de moins de trois mois prononcée par application des articles 67, 68 et 69 du Code pénal ». M. *Bérenger* en explique la portée en pratique et ce paragraphe est adopté.

Sur le paragraphe 8 (« une première condamnation avec sursis soit à un mois ou moins d'un mois, soit à une amende supérieure à 50 francs, mais n'excédant pas 500 francs, prononcée pour un délit autre que le vol, l'escroquerie, l'abus de confiance, ou l'attentat aux mœurs, prévu par l'article 334 du Code pénal et le délit de l'article 400 du Code pénal »), M. *Bérenger* rappelle qu'en fait le travail est refusé aux condamnés qui ont bénéficié de la loi du 26 mars 1891 et « qu'ainsi les intentions humanitaires et généreuses des magistrats ne sont nullement secondées ». Il est donc nécessaire d'exclure du bulletin n° 3 les condamnations avec sursis.

M. *le Garde des sceaux*, se plaçant comme précédemment, au point de vue de la sincérité du casier, croit que « l'idée nouvelle qu'on peut introduire dans le paragraphe 8, est en contradiction absolue avec le principe que nous avons établi et tout en regrettant de ne pouvoir s'associer à la bienveillance de l'honorable M. Bérenger », il demande au Sénat de repousser l'amendement proposé par lui.

M. *Paul Strauss* : « Mais M. le Garde des sceaux, vous y avez dérogé vous même à votre principe (de la sincérité du casier), dans l'article 1er, puisque vous avez admis la légitimité de certaines exceptions. »

M. *Bérenger* regrette de n'avoir pu convaincre M. le Garde des sceaux et lui soumet un nouveau motif d'exclure du bulletin n° 3 les condamnations avec sursis : « Le casier judiciaire, dit-il, ne doit contenir, en principe, que des condamnations définitives. Je vous le demande, une condamnation prononcée avec sursis est-elle une condamnation définitive ? C'est une condamnation essentiellement conditionnelle (*Très bien ! très bien !* ») et qu'il dépend du condamné de faire tomber dans ces conditions, elle ne peut évidemment pas figurer au casier...

« Il faut que le casier soit sincère, dit-on, mais permettez-moi de vous dire que les magistrats, quand ils sauront que le casier judiciaire ne portera pas cette condamnation, s'ils estiment la faute assez grave pour être signalée particulièrement, n'hésiterons pas à prononcer une condamnation à plus d'un mois, ce qui entraîne l'inscription au casier ».

M. *Ernest Boulanger* : « Mais c'est très fâcheux, cela !

M. *Tillaye* : « ce résultat serait très regrettable ! Les juges n'accorderaient peut-être plus de sursis !

M. *Bérenger* : « Je ne le considère pas comme regrettable puisque, de cette façon, les magistrats seront associés à l'acte d'humanité que je demande au Sénat de sanctionner (*Approbation*) ».

Il est est procédé au scrutin sur le paragraphe 8, qui est adopté par 129 voix contre 89. L'ensemble de l'article 7 est ensuite voté à mains levées.

Séance du 9 décembre 1898.

La suite de la discussion est renvoyée à la séance du lendemain, 9 décembre, où M. *Thézard* dépose et soutient un amendement libellé en ces termes : « Rédiger ainsi l'article 8 :

« Cessent d'être inscrites au bulletin n° 3, délivré au simple particulier :

« 1° Un an après l'expiration de la peine corporelle ou le payement de l'amende, les condamnations à moins de six jours de prison ou à une amende ne dépassant pas

25 fr., où à ces deux peines réunies, sauf le cas où ces condamnations entraîneraient une incapacité civile ou politique (La suite comme dans le projet de la commission) ».

M. Thézard, en commençant son discours, expose qu'il a pour but, en proposant cet amendement, d'établir « plus d'harmonie et plus de cohérence entre les différentes dispositions de l'article 7, soit en elles-mêmes, soit dans leurs rapports avec celles de l'article 8 déjà acceptées par M. le Garde des sceaux et par M. le rapporteur ». Il rappelle une inconséquence du projet par lui signalée la veille : « Entre deux hommes, dit-il, dont l'un aura subi depuis cinq ans et un jour une condamnation à six mois de prison pour vol, pour escroquerie ou pour tout autre délit déshonorant et un autre homme qui, il y a cinq ans moins un jour, aura subi une condamnation à 16 francs d'amende pour un délit de chasse ou de pêche, le premier aura, en vertu de l'article 8, un casier immaculé, et le second aura son casier grevé d'une condamnation ; le premier, par conséquent, sera préféré au second, s'ils se trouvent en concurrence pour un emploi.

« A cette application s'en joint une autre que je puis condenser en un exemple absolument pratique et saisissant, mais qui, aussi, se prêterait è une généralisation bien plus étendue.

« Une bande de vauriens de quinze à dix-sept ans est poursuivie pour une série de petits méfaits. L'un deux à quinze ans et demi, mais en fait — et cela s'est vu — c'est le plus coupable, c'est même, si vous le voulez, le chef de la bande, car il est de ceux chez qui la valeur n'attend pas le nombre des années (*sourires*). Eh bien, il est reconnu le plus coupable de tous ; il est déclaré qu'il a agi avec discernement et il est condamné à un mois de prison ; il est même possible que cette condamnation entraîne pour lui dans l'avenir l'incapacité électorale.

Les autres, qui sont âgés de seize ans, seize ans et demi, qui ne bénéficient plus, par conséquent, des articles 67 et suivants du Code pénal, sont de simples comparses ; on leur inflige pour les petits délits qu'ils ont pu commettre 16 francs ou 25 francs d'amende, vingt-quatre heures de prison si vous voulez ; qu'arrivera-t-il ? C'est que le premier, le plus coupable, verra d'emblée, aux termes de votre vote d'hier, la condamnation effacée de son casier judiciaire, les autres, condamnés, plus légèrement, en porteront la peine pendant cinq années entières, et s'ils se trouvent en concurrence pour un emploi, c'est encore le premier qui sera préféré, s'il s'adresse à une administration qui ne consulte que le casier.

« ... Ne vous semble-t-il pas qu'il y a quelque chose à faire pour effacer de pareilles discordances ? C'est l'objet de l'amendement que je vous propose et qui ne contredit aucune des dispositions que vous avez prises, qui les respecte au contraire absolument, car il diffère en deux points essentiels du projet primitif de la commission ». En effet, cet amendement ne propose pas que les petites condamnations à moins de six jours ou de 26 francs d'amende soient effacées avant un an du bulletin n° 3. D'autre part, il y maintient jusqu'à l'expiration du délai prévu par le paragraphe 2 de l'article 8, celles de ces condamnations qui emportent privation d'un droit civil ou politique.

« Ainsi, messieurs, conclut l'éminent jurisconsulte, et grâce aux très larges concessions que je fais, satisfaction est donnée à toutes les préoccupations du Sénat ; j'ajoute que nous procédons par des gradations successives et raisonnables ; il n'y aura plus dans le projet de loi ces brusques sauts, ces abîmes créés entre des situations voisines, cette identité établie, au contraire, entre des situations absolument éloignées : il y aura, sinon une pente unie et absolument harmonique, tout au moins des degrés étagés de proche en proche et qui correspondent à la gravité respective des situations.

« J'espère que M. le Garde des sceaux et le Sénat voudront bien accepter ce mode de procéder conforme à l'esprit de la loi, conforme aussi, j'en suis sûr, messieurs, aux sentiments auxquels vous avez obéi dans vos votes d'hier ».

M. Jules Godin, rapporteur, d'accord avec le Gouvernement, demande au Sénat de ne pas prendre en considération l'amendement de M. Thézard. Cet amendement aurait pour conséquence de faire disparaître du bulletin n° 3, au bout d'une année, toute condamnation à un emprisonnement de moins de six jours : « Ce serait, dit l'orateur, aller beaucoup trop loin et atténuer dans des proportions absolument excessives des dispositions bienveillantes, je dirai plus, des dispositions justes que nous proposons au Sénat d'accepter *(Très bien !)* ».

Après une épreuve douteuse, le Sénat adopte, par assis et levé, l'amendement de M. Thézard.

M. *Bérenger*, sur le paragraphe 3, nouveau, propose d'y ajouter les condamnations multiples dont l'ensemble n'excède pas un an. Il motive ainsi sa proposition : « Si, dit-il, une condamnation unique, c'est-à-dire une condamnation prononcée pour la première faute, a été élevée jusqu'à deux ans de prison, c'est que le fait était très considérable. Il s'agissait d'un inculpé primaire, comme on dit dans le langage spécial du droit pénal, et cependant les magistrats, le frappant pour la première fois, peuvent lui avoir infligé jusqu'à deux ans de prison.

« ... Eh bien, je dis ceci : Ce que vous faites pour l'individu qui n'a subi qu'une peine, mais une peine très grave, n'y a-t-il pas injustice à le refuser à l'individu qui peut avoir subi plusieurs peines, mais des peines très légères ?

« Au lieu de ce jeune homme — je suppose un jeune

homme, parce que la situation est plus intéressante ainsi — au lieu de ce jeune homme, qui a mérité deux ans de prison, voilà un inculpé qui, à la vérité, a comparu deux fois, peut-être trois fois devant un tribunal, mais la première fois, il a été condamné à vingt-quatre heures de prison ; la seconde, il a été condamné à une amende ; la troisième, il a été condamné à cinq ou six jours d'emprisonnement, et vous trouvez que sa situation morale, après ces condamnations, est beaucoup plus grave, beaucoup moins digne d'intérêt que celle de l'individu qui, en une seule fois, il est vrai, mais du premier coup, a été frappé d'une peine de deux ans de prison ?...

« Je dis alors ceci : Soit, accordons la prescription dans le cas proposé par la commission, mais réservons aussi le cas où il y a eu plusieurs condamnations, mais où ces condamnations sont tellement légères, que réunies, elles ne forment pas un maximum inquiétant. Ce ne sera pas seulement alors une condamnation unique, ce seront aussi des condamnations multiples qui entraîneront la prescription lorsque leur total aura dépassé non pas deux ans, mais un an...

M. *Morellet* : « Quel que soit le nombre des condamnations ? Y en eût-il cinq, six, sept, huit, cela ne fait rien ? »

M. *Bérenger* : « Quel que soit le nombre de ces condamnations ! Permettez-moi, du reste, de vous dire que ce nombre ne sera jamais considérable puisqu'il ne faudra pas que leur total arrive à dépasser un an...

« J'ajoute, et c'est là, messieurs, la circonstance capitale, — qu'il se sera passé dix ans depuis l'exécution de la dernière de ces condamnations. Il y aura eu dix ans de bonne conduite, et je ne trouve pas que ces dix ans de bonne conduite soient, dans le cas que j'indique, beaucoup moins dignes de faveur et de récompense que ces mêmes dix ans de bonne conduite, quand il s'agit d'une peine de deux ans d'emprisonnement ».

L'orateur qui, s'étant occupé depuis longtemps de la réhabilitation des condamnés, connaît les différentes situations dans lesquelles ils se trouvent, démontre que, « si dix ans d'efforts pour n'avoir point comparu devant la justice sont méritoires de la part d'un homme qui a été condamné une fois, ces dix ans sont plus méritoires encore pour celui qui aura subi plusieurs condamnations, étant donné, bien entendu, qu'il ne s'agit que de petites condamnations... Il s'est bien conduit avec persévérance, par un effort soutenu, pendant dix ans ; depuis sa condamnation, il peut justifier que son retour au bien est sincère et sérieux. Est-ce qu'il ne faut pas tenir compte de cela, messieurs » ?

En outre, il est plus difficile à un individu, frappé de condamnations multiples, de s'amender qu'à un condamné primaire ; ce n'est pas seulement à cause de l'habitude du mal, c'est aussi en raison de la mauvaise réputation d'un condamné, qui a comparu plusieurs fois devant des juridictions répressives : « La continuité de la bonne conduite lui est beaucoup plus difficile, plus pénible, et elle est, par conséquent, plus méritoire pour lui quand elle s'est réalisée ».

M. Bérenger déclare ensuite, que son amendement n'est pas inconciliable avec la thèse de M. le Garde des sceaux. Cette thèse consiste à n'admettre que la prescription d'une condamnation unique, et M. Bérenger partage cette opinion pour les courtes prescriptions d'un an et de cinq ans. « Mais il s'agit de cette prescription du double, de dix ans, dit-il, ne peut-on pas étendre le sentiment d'humanité qui a porté à fixer un premier délai beaucoup moins long ? Ne peut-on pas dire qu'alors l'effort est plus considérable et qu'il importe d'accorder la même récompense à toutes les personnes qui peuvent paraître dignes de l'obtenir ?...

M. *Lebret, Garde des sceaux, ministre de la justice* :
« ... Qu'il s'agisse de cette prescription du casier judiciaire, comme on l'appelle, ou qu'il s'agisse de la réhabilitation de plein droit qui fait l'objet de l'article 10, j'ai déclaré que je n'acceptais les solutions nouvelles proposées dans le projet qu'à la condition qu'on fût en présence de délinquants primaires. C'est que je considère que, dans le domaine de la pénalité, et surtout dans le domaine de cette bienveillance dont M. Bérenger s'est fait l'apôtre, il faut distinguer entre le délinquant primaire, qui a commis une faute unique, et le délinquant d'habitude, qui a répété les infractions et dont le retour au bien n'est pas, en conséquence, aussi certain (*Très bien! très bien! sur plusieurs bancs au centre*).

« Je persiste dans cette théorie et je crois que la loi que vous êtes appelés à voter sera d'autant plus solide qu'elle reposera sur une idée nette et précise. Il ne faut pas faire brèche au principe sous lequel la commission d'accord avec le Gouvernement a abrité les articles 8 et 10 ». L'orateur montre ensuite que les intéressantes situations auxquelles M. Bérenger faisait allusion, ne sont pas sans remède : le délinquant d'habitude a la ressource d'obtenir la réhabilitation judiciaire, dont le délai n'est pas de dix ans, mais de trois seulement, en cas de condamnations correctionnelles : « Le droit commun n'est pas une loi inexorable : c'est une loi qui permet le pardon mais sous des conditions spéciales et en connaissance de cause. Je vous demande de réserver la disposition de faveur au délinquant primaire c'est-à-dire à celui qui n'a commis qu'une faute (*Nouvelles marques d'approbation*) ».

M. *Bérenger* répond en exposant au Garde des sceaux l'hypothèse d'un individu condamné à plus de six mois de prison, condamné ensuite à une amende de 25 fr.

« Cette dernière condamnation, demande-t-il, suffit-elle pour empêcher que la condamnation soit unique ? Si vous admettez cela, permettez-moi de vous dire que vous allez arriver aux inégalités les plus révoltantes. Ainsi, il arrivera qu'un individu, condamné à six mois de prison pour outrage à un agent, puis à 15 ou 25 fr. d'amende pour délit de pêche ou de chasse, ne pourra plus obtenir la prescription au bout de dix ans ; mais celui qui à côté de lui, dans la même commune, peut-être, aura été condammé à deux ans de prison pour vol qualifié pourra bénéficier de la prescription. Que pensez-vous de cette situation ?...

« Je demanderai, dans tous les cas, et je crois que ce sera une satisfaction pour la conscience de tout le monde que les condamnations à l'amende ne soient pas comptées (*Très bien*) ! et qu'on ne tienne compte uniquement que des condamnations à l'emprisonnement ...»

M. *le Garde des sceaux* propose d'étudier, de concert avec la commission, la rédaction d'un texte qui autorise la prescription de certaines condamnations à l'amende, toutes les condamnations à l'amende ne pouvant être prescrites : il en est de trop considérables, frappant des délits trop graves, pour qu'elles bénéficient de la disposition nouvelle. Ce texte pourra être arrêté avant la deuxième délibération. En attendant, il est nécessaire de voter purement et simplement celui que propose la commission, d'accord avec le Gouvernement.

Le Sénat rejette l'amendement de M. Bérenger et adopte le paragraphe 3 de l'article 8 de la proposition, puis le paragraphe 4, le dernier alinéa et l'ensemble de l'article.

Les articles 9 à 14 sont ensuite adoptés et le Sénat décide de passer à une deuxième délibération.

C) *Deuxième délibération sur la loi au Sénat* (7 mars 1899). — Cette deuxième délibération inscrite à l'ordre

7

du jour de la séance du 24 février 1899, est ajournée, par un vote émis dans cette séance, pour permettre au Garde des sceaux de faire connaître son avis sur une nouvelle rédaction du projet à lui soumise par la commission. Réinscrite à l'ordre du jour de la séance du 7 mars, elle débute par un discours du rapporteur.

M. *Jules Godin*, qui résume ainsi les modifications apportées au texte primitif par cette rédaction :

« En ce qui concerne les trois premiers articles, le projet n'a pas subi de modifications, mais, pour l'art. 4, nous nous sommes trouvés en présence d'observations du ministre de la guerre et du ministre de la marine. Ils ont constaté que le texte, tel qu'il leur avait été présenté, modifiait la situation faite actuellement à leurs administrations, en ce qui concerne les soldats de la classe et les engagements. Pour les uns et les autres, les ministres de la guerre et de la marine ont fait remarquer avec insistance qu'il leur était indispensable d'avoir, non pas le bulletin n° 3 produit par l'engagé ou par celui qui tombe sous l'application de la loi du recrutement, mais le bulletin n° 2.

« D'accord avec M. le président de la commission…., nous avons apporté à l'article 4 une modification qui donnera satisfaction à cette réclamation.

« Dans l'article 5, votre commission, tenant également compte des observations qui ont été présentées par les administrations de la guerre et de la marine vous propose une légère modification. Les ministres de la guerre et de la marine ont fait observer que quand un officier de réserve tombe en liquidation judiciaire, il est immédiatement remplacé dans son grade ». Aussi la commission a-t-elle ajouté au mot « faillite » les mots « liquidation judiciaire ».

« La plus grave modification apportée au projet depuis la première délibération est contenue dans l'article 7. Le

Sénat, dans cet article, avait adopté ce principe que le bulletin n° 3 comprendrait certaines condamnations prononcées dans des cas déterminés. La question étant posée de savoirsi, en cas de pluralité de condamnations, il n'y avait pas lieu de reporter sur le bulletin n° 3, toutes les condamnations encourues, la majorité de la commission a admis que dans certains cas, ces condamnations ne seraient pas portées au bulletin n° 3....

« En ce qui concerne l'article 8, qui visait le cas de condamnations nouvelles et leurs conséquences au point de vue de l'inscription au bulletin n° 3, nous nous sommes trouvés en face d'une sérieuse difficulté de rédaction. Nous avons dû nécessairement modifier le texte, puisque dans l'article 7 on admettait que plusieurs condamnations ne devaient pas être portées au bulletin n° 3. Il fallait, nécessairement, dans l'article 5, déroger au principe qui y avait été posé et admettre, que dans certains cas, même la pluralité des condamnations n'entraînerait pas l'inscription au bulletin n° 3 des condamnations précédentes. Tel est, messieurs, le sens de la rédaction nouvelle de l'article 8.

« En ce qui concerne l'article 9, nous avons légèrement modifié le texte relatif aux amendes. L'article 9 vise la prescription du casier judiciaire ; il détermine un certain nombre de délais après lesquels la condamnation n'est plus inscrite au bulletin n° 3. Relativement aux amendes, il a été posé en principe qu'elles ne devaient pour ainsi dire pas entrer en ligne de compte et que dans le cas où une condamnation à l'amende interviendrait, on la considérerait comme n'existant pas.

« Nous avons dû apporter également à l'article 10 une modification relative à la réhabilitation. Il y avait en effet, dans le projet de loi une lacune. L'article 10 admet la réhabilitation de droit, c'est-à-dire que après un délai, le condamné se trouve réhabilité de droit et que, comme conséquence, on doit effacer de son casier les condamnations pour lesquelles intervient la réhabilitation. » En cas de contestation sur l'existence d'une condamnation, il est nécessaire de suivre une procédure et de réglementer cette procédure dans la loi. « Le plus simple était d'appliquer là le principe posé dans l'article 11 en ce qui concerne la rectification du casier judiciaire. Nous avons admis que les personnes qui réclamaient une réhabilitation de droit pourraient agir devant l'autorité compétente pour faire établir que la réhabilitation leur est acquise. C'est une simple question de procédure, mais il était nécessaire de l'établir, puisque, sans cela, c'est le procureur de la République ou le greffier, qui eût été maître de déclarer s'il y avait ou s'il n'y avait pas réhabilitation de droit.

« Telles sont, messieurs, les modifications principales que nous avons apportées au texte. Le Sénat les examinera, et nous lui donnerons, au fur et à mesure de la délibération, s'il en est besoin, les explications nécessaires (*Très bien !*) »

Les articles 1 à 6 sont adoptés, ainsi que les quatre premiers paragraphes de l'article 7, sans discussion. Sur le cinquième paragraphe (« 5° une première condamnation à un emprisonnement de trois mois ou de moins de trois mois prononcée par application des articles 67, 68 et 69 du Code pénal) il y a un amendement de M. Bérenger ainsi conçu : « Ne sont pas inscrites au bulletin n° 3... 5° les condamnations à l'amende n'excédant pas 200 francs ».

M. *Bérenger* explique et soutient son amendement : aux condamnations de moindre importance, qui cesseront d'être inscrites au casier, il demande qu'on en ajoute une nouvelle, « dont un simple oubli, dit-il, me semble avoir causé l'omission, tant je la juge plus intéressante que la plupart de celles qui ont été adoptées déjà. Cette catégorie est celle des condamnations à une simple amende. — Je sais qu'il y a des condamnations à l'amende excessivement graves. En matière d'usure par exemple, on peut prononcer des amendes très considérables. Je demeure d'accord que, dans certains cas, c'est-à-dire, lorsque la condamnation a atteint un taux élevé, bien qu'elle ne soit que d'une amende, elle doit figurer au bulletin. Mais mon amendement tient compte de la réserve que je fais à cet égard. Il ne vise, en effet, que les condamnations n'excédant pas 200 fr... D'après le projet, les condamnations à un mois ou à moins d'un mois d'emprisonnement ne figureront plus au bulletin. Or, je le demande, une condamnation à l'amende, même sans sursis, n'est-elle pas moins grave qu'une condamnation à l'emprisonnement avec sursis ? — Cette dernière est à la vérité, suspendue ; mais il pourra se faire, si la conduite de l'individu trompe les espérances des magistrats, qu'elle devienne définitive. N'a-t-elle pas, par ce côté, un caractère de gravité supérieur à celui de la condamnation à une simple amende ?

« On objecte, à la vérité, qu'il n'y a pas à cela d'utilité; qu'un patron raisonnable, un homme de bon sens, auquel on présentera un casier judiciaire ne comportant qu'une condamnation à l'amende, n'en tiendra pas compte et qu'il n'en accordera pas moins le travail ou l'emploi dont il peut disposer. Eh bien, messieurs, ce serait une erreur de le croire. Depuis le vote de la loi en première délibération, un certain nombre de cas m'ont été signalés.

« J'en ai connu d'autres en m'occupant de certaines demandes en réhabilitation, et j'ai pu constater, par des faits absolument démontrés, qu'une simple condamnation à l'amende suffisait pour faire rejeter des demandes d'emploi ou même simplement de travail manuel. Ainsi l'administration de la ville de Paris n'accorde l'emploi, cependant bien infime et néanmoins extrêmement sollicité, de balayeur dans les rues qu'à des individus n'ayant aucune mention sur leur casier judiciaire : une simple amende inscrite suffit pour le leur faire refuser. » L'orateur cite quelques autres exemples de refus d'emplois opposés à des gens honorables d'ailleurs, frappés d'amendes pour des délits minimes et il conclut en ces termes : « Puisqu'on fait un aussi regrettable usage de mentions sur le casier d'aussi minime importance, n'est-il pas légitime de déclarer qu'à l'avenir les condamnations à une amende de peu d'importance n'y figureront plus ? C'est, messieurs, à cela que se borne ma proposition. »...

M. *le Rapporteur*: « L'amendement de M. Bérenger comportant trois parties ; nous en avons accepté une et repoussé deux et, en particulier, la mention relative aux condamnations à l'amende.

« Les exemples que citait tout à l'heure M. Bérenger ne me paraissent pas topiques, par la raison très simple qu'il les a choisis dans des cas où les extraits des casiers sont produits à des administrations publiques. Or les administrations publiques reçoivent le bulletin n° 2, qui est complet... Par conséquent, il importe assez peu que, sur le bulletin n° 3. il y ait ou non les condamnations que vise M. Bérenger ; l'administration sera toujours avertie par la délivrance des bulletins n° 2.

« Mais la vraie réponse aux observations de l'honorable M. Bérenger est contenue dans la décision du Sénat en première délibération. Le Sénat a admis, en effet, que la plupart des condamnations à l'amende seraient prescrites, en ce qui concerne le bulletin n° 3, par le délai d'un an. Ainsi, au bout d'une année, la condamnation n'est plus inscrite au bulletin n° 3...

M. Bérenger : « A la condition qu'elle ne dépasse pas 25 fr. ; ce n'est pas la même chose » !

M. *le Rapporteur* : « Pour les autres condamnations le délai est de cinq ans ». Il fait ensuite remarquer l'importance de certaines condamnations à l'amende, celles, notamment, pour le délit d'usure, qui n'est puni que d'une amende. « Il n'en est pas moins incontestable, s'écrie-t-il, que ce délit est un délit grave et que, si vous supprimez la mention de la condamnation à l'amende, vous permettez évidemment de délivrer un casier qui ne sera pas l'expression de la vérité ; vous permettez à une personne condamnée pour délit d'usure, d'usurper la qualité d'honnête homme en produisant un casier qui portera néant, alors qu'il y aura eu une condamnation de cette nature. Cela ne me paraît pas possible.

M. *Guibourg de Luzinais* : « On finira par porter préjudice aux honnêtes gens, à l'avantage des coquins ».

M. *le Rapporteur* : « C'est précisément l'observation par laquelle j'allais terminer. Il est bon de supprimer du bulletin n° 3 un certain nombre de condamnations ; mais, si l'on veut qu'il signifie quelque chose, il faut évidemment qu'il porte mention de toutes les condamnations sérieuses, de nature à porter atteinte à l'honorabilité de la personne : il ne faut pas que quelqu'un puisse présenter un casier portant « néant », alors qu'il a dans son passé des faits qui touchent à son honorabilité ».

M. *Demôle* : « Le délit de vol peut être puni d'une simple amende ».

M. *Bérenger* : « Quand le vol est puni d'une amende, c'est qu'il est absolument insignifiant (*Réclamations sur plusieurs bancs.*) »

M. *le Garde des sceaux* : « Le Gouvernement repousse l'amendement ».

M. *Bérenger* : « Permettez-moi de dire que, si le ministère public, quand il a poursuivi pour délit de vol, s'était douté que la condamnation prononcée serait l'amende, il n'aurait certainement pas poursuivi (*Mouvements divers*.)

« Une condamnation aussi faible, intervenant après les poursuites exercées pour un délit aussi grave, indique avec évidence que l'enquête ou l'instruction à l'audience a révélé des circonstances très particulières qui ont singulièrement atténué la portée du fait et auraient assurément fait arrêter la poursuite, si elles avaient été connues d'abord ».

L'amendement de M. Bérenger n'est pas adopté. Le texte du paragraphe 5, arrêté par la commission, est voté.

Sur le paragraphe 6, M. *le Garde des sceaux* a la parole : « Messieurs, dit-il, je suis très frappé de la différence qui existe entre le nouveau texte proposé aujourd'hui par la commission et celui qui avait été voté en première délibération. Voici, en effet, comment s'exprime actuellement la commission : « Ne sont pas inscrites au bulletin n° 3,... 6° les condamnations avec sursis à un mois ou moins d'un mois d'emprisonnement, avec ou sans amende ». Ainsi, l'exemption d'inscription sur le casier judiciaire, pour les condamnations avec sursis, quand elles sont inférieures à un mois d'emprisonnement, est maintenant générale quelle que soit, entendez-le bien, la cause de la condamnation. Je crois que cela est excessif.

« Dans le texte voté en première lecture, on avait eu soin d'excepter les délits qui portent d'une manière très sensible atteinte à l'honorabilité et dont les tiers doivent être avertis. On avait donc excepté du bulletin n° 3 « une première condamnation », — car il faudrait, dans tous les cas dire « une première condamnation », au lieu de « les condamnations » ; — on avait eu soin, dis-je, d'exclure de la faveur accordée les délits qui portent véritablement atteinte à l'honorabilité, qui démontrent une perversité particulière, à savoir : le vol, l'escroquerie, l'abus de confiance et l'attentat aux mœurs.

« Aujourd'hui, la commission vous propose de revenir sur cette prudente limitation et d'accorder la faveur sans exception. Vous voyez certainement, messieurs, quelles seraient les redoutables conséquences d'une pareille extension, si le Sénat venait à l'adopter. Vous désarmeriez ceux qui ont le droit de savoir quels sont les antécédents des personnes qu'ils vont employer et recevoir chez eux, à l'atelier, et peut-être dans leur propre demeure : si vous adoptiez le nouveau texte de la commission, nul désormais ne pourrait avoir la certitude qu'il n'a pas chez lui un voleur ou un escroc... Vous porteriez atteinte, non seulement aux droits de celui qui emploie mais aux droits les plus essentiels des braves gens qui n'ont pas failli et qui ont besoin de gagner leur vie par le travail. Qui de nous, en effet, ne voit quelles difficultés éprouvent à se placer beaucoup d'honnêtes ouvriers, qui n'ont aucun reproche à se faire. Vous augmenteriez la concurrence qui leur est faite, et cela en faveur de gens qui, eux, ne sont pas sans reproches graves... C'est à si bon droit que le Sénat s'y était refusé en première lecture que je vous demande, me trouvant, sur ce point, d'accord avec M. le Garde des sceaux, de maintenir en deuxième délibération le texte par vous voté une première fois et repris ici à titre d'amendement (*Très bien! très bien! sur divers bancs.*) »

M. *Bérenger*: « Messieurs, la question qui se pose est celle de savoir quelle est la portée qu'on entend donner à la loi sur le sursis. — Veut-on que l'individu qui l'a obtenu soit traité comme si sa condamnation était définitive ? Veut-on au contraire, prêtant ainsi main-forte à la pensée des magistrats et la complétant, qu'il ne voie pas sa vie interrompue et brisée peut-être par cette condamnation et que, jugé excusable, il ne puisse plus trouver le travail qui, seul, lui permettra, en se rendant digne de l'indulgence obtenue, de s'en assurer le bénéfice ? Tout est là ».

L'orateur appuie sa démonstration en rappelant l'intention humanitaire qui a présidé à l'adoption de la loi du 26 mars 1891 et le but de régénération poursuivi par les rédacteurs de cette loi. Le législateur de 1891 n'a pas cru devoir supprimer du bulletin n° 2 la condamnation avec sursis, parce qu'il a pensé « qu'il suffirait de mentionner expressément le sursis à côté de la condamnation pour éveiller la bienveillance des tiers et assurer de la part de tout le monde aux bénéficiaires de la loi le pardon dont les magistrats les jugeaient dignes. Il n'en a rien été : on n'a fait aucune différence entre la mention de la condamnation suspensive et la mention de la condamnation définitive, et il s'ensuit qu'à l'heure actuelle ces malheureux qu'on voulait sauver sont trop fréquemment perdus par les mentions qui les poursuivent. C'est pour réagir contre cette déplorable conséquence, c'est pour assurer à la loi de 1891 l'effet qu'en réalité on avait voulu lui faire produire, que nous avons proposé l'amendement en discussion. La commission l'a adopté. Je regrette que M. le Rapporteur ne se trouve pas d'accord avec elle. Mais j'ai l'espoir que les arguments par lesquels il convient de le combattre n'ont pas ébranlé sa conviction et c'est en son nom que je demande au Sénat de l'adopter. (*Marques nombreuses d'approbation.*) »

Après une épreuve douteuse, le texte proposé par la commission est adopté, par assis et levé.

Sur le paragraphe 7 (7° « les déclarations de faillite, si le failli a été déclaré excusable par le tribunal ou a obtenu un concordat homologué, et les déclarations de liquidation judiciaire »), M. *Garreau*, qui a fait adopter ce paragraphe par la commission, rappelle que la dispense d'inscription au bulletin n° 3, ainsi admise en faveur des faillis et liquidés judiciaires, avait été déjà proposée par le Conseil d'Etat. Il justifie ensuite les restrictions apportées par son amendement en matière de faillite, toutes les faillites n'étant pas dignes de la dispense proposée ; puis il expose l'intérêt qu'offre la situation des commerçants admis à la liquidation judiciaire, instituée par la loi du 4 mars 1889. « Cette loi, dit-il, apporte évidemment une amélioration très heureuse à la législation si rigoureuse des faillites. Il n'en est pas moins vrai qu'elle laisse encore peser des incapacités très graves sur les liquidés. C'est ainsi qu'elle leur enlève, sans esprit de retour, la jouissance de leurs droits civils ; c'est ainsi encore qu'elle leur fait perdre leurs droits d'éligibilité, si elle leur conserve leurs droits d'électeurs.

« Pourtant, messieurs, il est juste de le reconnaître, ces malheureux n'ont commis, la plupart du temps, qu'une faute bien pardonnable, hélas ! celle de n'avoir pas réussi dans leurs entreprises industrielles ou commerciales. Si la loi qui est en discussion ne vous permet pas de leur rendre ces droits précieux qu'ils ont définitivement perdus et qu'ils auraient conservés si, n'étant pas commerçants, ils avaient même imposé à leurs créanciers des pertes infiniment plus considérables, elle vous offre, du moins, la possibilité de faire disparaître de leur casier judiciaire la note qui rappelle leur chute commerciale et qui ne rappelle jamais, quoi qu'il advienne, les événements postérieurs qui ont pu la modifier d'une manière très heureuse ; je veux parler de l'excusabilité et du concordat.

« Il y a là une lacune regrettable que le texte proposé a pour but de combler. L'adoption de cette disposition intéresse un très grand nombre de commerçants et, à cet égard, il m'a plu de me reporter au compte rendu de la justice civile et commerciale en France et en Algérie pour l'année 1893, le dernier paru, et j'y ai constaté, comme vous pourrez le faire vous-mêmes, que dans l'année 1893, il avait été ouvert, en France, 4.508 liquidations judiciaires. Revenant aux faillites, M. Garreau fait ensuite remarquer que les banqueroutiers et les faillis non excusables ou n'ayant pas obtenu de concordat sont exclus du bénéfice de la dispense d'inscription au bulletin n° 3. « Mais il n'en saurait être ainsi pour les faillis dont la falllite a été suivie, soit de concordat, soit d'excusabilité et vous ne sauriez vous montrer plus rigoureux à l'égard de ces malheureux que ne l'ont été les créanciers eux-mêmes, qui, bons appréciateurs des circonstances de la faillite et parfois juges sévères, les ont reconnus dignes d'excusabilité ou de la faveur du concordat.

« Avant la loi de 1867 qui a aboli la contrainte par corps, l'excusabilité constituait, dans notre législation, un bénéfice appréciable parce qu'elle avait pour premier résultat de soustraire à l'application rigoureuse de la contrainte par corps tous ceux qui en étaient l'objet. Mais, depuis la loi de 1867, l'excusabilité ne constitue plus, dans notre loi, qu'un bénéfice purement moral. Il dépend de vous de lui restituer, dans une certaine mesure, le caractère utilitaire dont l'a dépouillé la loi de 1867.

« Mon amendement demande la même faveur, le même bénéfice, pour les faillis concordataires, c'est-à-dire pour tous ceux qui se sont libérés de leurs dettes au moyen d'engagements acceptés par leurs créanciers et sanctionnés par les tribunaux de commerce...

« Je vous citais tout à l'heure « le compte rendu de la justice civile et commerciale en France et en Algérie pour 1893 » ; ce compte rendu nous fournit encore un renseignement très précieux. Il nous apprend qu'en 1893 il a été déclaré en France **890** faillites qui ont été suivies de concordat...

« Vous pouvez tenir, en tout cas, en toute sûreté de conscience, pour des gens méritant véritablement les faveurs de la loi, tous ceux qui, tombés en faillite, abandonnent à leurs créanciers non seulement tout leur avoir, mais souvent s'imposent en leur faveur plusieurs années de travail et de durs sacrifices, tous ceux qui, par des efforts constants, ont voulu se soustraire aux conséquences rigoureuses de la faillite et, en réalité, remplissent dans la mesure la plus large, tous les engagements qu'ils avaient pu contracter avec leurs créanciers.

« Il serait véritablement injuste d'assimiler les débiteurs dont je parle, c'est-à-dire les faillis excusés et les faillis concordataires, aux faillis banqueroutiers frauduleux, en les mettant sur un pied d'égalité complète au point de vue du casier judiciaire...

« Vous aurez apporté, messieurs, par le vote de mon amendement, à la situation de ces malheureux, une amélioration véritablement considérable, que j'attends avec le Gouvernement et avec la commission de la justice du Sénat. (*Très bien !*) »

Le paragraphe 7, puis l'ensemble de l'article 7 sont adoptés.

L'article 9 (ancien 8) est adopté après avoir été interverti avec l'article 8 sur la demande du Garde des sceaux et l'avis conforme du rapporteur.

L'ancien article 9, transformé par le fait de cette interversion, en article 8, est devenu comme le précédent le texte actuel de la loi. Les deux premiers paragraphes de cet article 8 sont votés sans discussion. Sur le troisième, M. Bérenger avait proposé, en première délibération, un amendement y ajoutant les condamnations multiples. Cet amendement ayant été accepté par la commission, le texte proposé est devenu le suivant : « Cessent d'être inscrites au bulletin n° 3 délivré au simple particulier ; 3° Dix ans après l'expiration de la peine, la condamnation unique à une peine de deux ans ou moins de deux ans *ou les condamnations multiples dont l'ensemble ne dépasse pas un an.*

M. *le Garde des sceaux* demande la division de ce paragraphe.

M. *Bérenger* défend la deuxième partie, qui est la reproduction de son amendement. De nouveau il met en parallèle la condamnation unique à deux ans de prison et les condamnations multiples à la prison pour des délits minimes, condamnations prononçant des peines dont le total peut même ne pas atteindre le maximum d'un an prévu par le texte proposé. Pour les condamnations à l'amende, l'équité de ce texte apparaît plus vivement encore : « Suffira-t-il qu'une condamnation à l'amende intervienne avec une autre, même légère, à l'emprisonnement pour exclure le condamné du bénéfice de la loi ? ».

« Je sais bien, ajoute l'orateur, la considération qu'on invoque : le récidiviste est un ennemi dangereux de la société. C'est un sentiment très juste. Pour celui-là, je pense, comme tout le monde, qu'il faut s'armer de rigueur : il s'agit d'un individu qui a commis une première fois un vol qualifié qui, une seconde fois, retombe dans le même crime, c'est-à-dire d'un homme dont la perversité s'est manifestée par la réitération d'un acte essentiellement coupable, il n'est pas douteux qu'il faut l'exclure du bénéfice de la loi. Mais je ferai remarquer que ce cas ne rentre nullement dans les conditions que je prévois, la peine aura été incontestablement sévère pour la première fois et une peine plus sévère encore aura été appliquée pour la seconde, puisque la règle actuelle, depuis la loi de 1891, est qu'en cas de récidive la seconde peine, même correctionnelle, doit être double de la première. Ce n'est pas l'hypothèse prévue par l'amendement dont la condition essentielle est que l'ensemble des condamnations ne dépasse pas un an. C'est là une mesure raisonnable qui me paraît suffisamment exclure le malfaiteur d'habitude.

« Dans ces conditions, la plupart des cas visés seront ceux d'individus ayant subi des condamnations multiples, mais pour des délits généralement différents et pour lesquels, il n'est pas possible de dire qu'on se trouve en présence ni d'un homme dangereux ni même d'un récidiviste quelconque.....

« Vous voulez faire une large part à l'indulgence, faciliter le reclassement et la réhabilitation des individus. A côté de la rigueur de la pénalité, vous placez l'encouragement au bien et après la bonne conduite, le pardon ; tout cela est juste et je le demande comme vous. Mais vous dites en même temps : celui qui aura fait deux ans de prison pourra se racheter par quinze ans de bonne conduite, ce qui est encore très légitime et je vous dis à mon tour : si vous faites cette faveur à un tel condamné, pourquoi la refuser à celui assurément moins coupable, qui n'a encouru que des peines légères, n'ayant le plus souvent, entre elles, aucun lien, et dont le total, dans tous les cas, ne dépassera pas un an ?...

« Il y a mieux, et voyez combien la loi serait étrange, si vous ne l'amendez pas : les condamnations multiples doivent toujours être exclues, dit-on. Eh bien ! je suppose que nous nous trouvions en présence de trois condamnations à l'amende : délit de chasse, délit de pêche, et coups et blessures, ou même de trois délits de chasse. Celui qui les aura subies sera indigne de bénéficier de la faveur accordée aux condamnés à deux ans. Non véritablement, messieurs, ce n'est ni logique, ni juste, ni même sensé (*Assentiment*) ».

M. Bérenger cite l'exemple d'un enfant abandonné, qui, élevé jusqu'à quinze ans par une famille charitable, s'est fort bien conduit. « Malheureusement à cet âge, cet appui lui a manqué, il s'est trouvé sur le pavé. Il cherche alors du travail, n'en trouve pas : la police l'arrête la nuit sans domicile, il est condamné une première fois pour vagabondage et subit sa peine. Au sortir de prison il n'a pas gagné un sou et se trouve plus embarrassé qu'auparavant, car il a désormais un casier judiciaire qu'il ne peut montrer. Sans travail régulier, il se rend aux Halles, où comme vous le savez, on distribue des soupes de bienfaisance aux indigents. Grâce à cette ressource et aux petites commissions qu'il peut faire, il parvient à vivre pendant quelque temps. Mais, un jour, il n'a plus même l'argent nécessaire pour trouver un gîte, il se couche sur un banc, la police le saisit de nouveau et il encourt une seconde condamnation. Arrive le moment du service militaire Il est appelé dans son pays, distant de 80 lieues de Paris. Il faut qu'il parte ; il fait ces 80 lieues à pied, en tendant la main, puisqu'il est sans ressources. Arrêté sur la route, il est condamné une troisième fois pour mendicité.

« Voilà trois condamnations qui, à elles trois, ne dépassent pas dix mois de prison ; et vous allez déclarer que cet homme sera indigne de profiter de la prescription. De combien de condamnations nouvelles son casier ne serait-il pas enrichi si le service militaire ne l'avait pas sauvé. Il y a vingt ans de cela ; aujourd'hui, il est sauvé. Mais croyez-vous que des cas semblables soient rares ? Eh bien, c'est pour ceux-là que j'intercède.

« Je vous en conjure, messieurs, que la mesure que vous allez prendre soit humaine pour tous, qu'elle soit juste, qu'elle tienne compte de toutes les situations. En agissant ainsi, vous ne ferez certainement qu'accomplir un acte de justice (*Très bien ! très bien ! sur plusieurs bancs*) ».

M. *le Garde des sceaux* insiste pour le rejet de l'amendement apporté au paragraphe par la commission, à la demande de M. Bérenger. Il démontre que la loi nouvelle ne fera pas disparaître les inconvénients du casier judiciaire. Avant elle, les condamnations avec sursis n'étaient plus inscrites au bulletin n° 2, après cinq ans; toutes les condamnations cessent de l'être après réhabilitation. Le projet, accepté par le Gouvernement, porte suppression au bulletin n° 3 d'une condamnation unique après dix ans de bonne conduite. En le proposant, dit l'orateur du Gouvernement, « nous ne faisons que nous inspirer de l'idée à laquelle a obéi l'honorable M. Bérenger lui-même quand il a proposé la loi de sursis. Cette loi, en effet, repose sur une idée très simple et très haute: un homme a commis une infraction ; il n'avait jamais été condamné auparavant. Les juges en le condamnant peuvent suspendre pendant cinq ans l'exécution de la peine, et si, dans ce laps de temps, le délinquant n'a pas commis d'autre infraction à la loi pénale, la condamnation et ses conséquences disparaîtront, s'effaceront de plein droit.

« Nous sommes, nous, en présence d'un homme qui a été condamné sans sursis, soit que la loi n'existât pas à l'époque de cette condamnation, soit qu'elle n'ait pas été appliquée pour une cause quelconque, et nous disons : cette condamnation, au bout d'un certain temps, nous la ferons disparaître du casier judiciaire, puis si l'homme n'a pas subi de nouvelles condamnations, au bout d'un temps plus ou moins long, nous ferons disparaître la peine elle-même et nous le réhabiliterons de plein droit. Ces deux nouvelles faveurs, qui ne font que compléter la législation actuelle, nous avons voulu les réserver aux condamnés primaires.

« M. Bérenger, je le sais bien, objecte que ces condamnés, dans bien des cas particuliers, ne sont pas plus intéressants que quelques-uns de ceux qui ont subi des condamnations multiples, dont le total ne dépasse pas un an de prison et il est des exemples assurément bien choisis pour vous émouvoir.

« Je ne méconnais pas cela, si nous voulions entrer dans l'examen des cas particuliers, il est incontestable que nous trouverions des gens qui, après avoir accumulé plusieurs condamnations, sont revenus au bien et sont très dignes d'intérêt. Ceux-là demanderont la réhabilitation.

« Il faut bien, quand on est législateur, quand on statue pour toutes les hypothèses, s'attacher à un critérium aussi précis que possible, à un principe directeur. Ce critérium unique, ce principe directeur, nous l'avons puisé dans la distinction entre le délinquant primaire et celui qui a été condamné plusieurs fois.

« Sans doute, celui qui a été condamné plusieurs fois n'est pas nécessairement et par là même un délinquant d'habitude, mais enfin, c'est la pluralité des condamnations qui, en droit pénal, permet de distinguer entre ceux qui ont pu obéir à une impulsion mauvaise qui ne s'est point renouvelée et ceux qui, au contraire sont considérés, dans une mesure plus ou moins large, comme des habitués du crime ou du délit. C'est pourquoi, nous vous proposons cette distinction...

« Je suis persuadé que le Sénat persistera dans son vote de la première délibération et maintiendra la distinction qu'il a faite entre l'individu qui a encouru une condamnation unique et celui qui a été condamné plusieurs fois. Ce dernier, s'il veut rentrer dans la plénitude de ses droits, s'adressera aux juges et demandera la réhabilitation. Quant à la faveur de la loi nouvelle, elle sera réservée au délinquant primaire. *(Très bien ! Très bien !)* »

M. *Bérenger* fait remarquer « qu'en matière pénale,ce n'est pas avec des abstractions qu'on peut atteindre le but de justice qu'il faut avant tout réaliser. Il y a lieu de se mettre en présence des réalités de la vie et de comparer pratiquement les situations si l'on ne veut s'exposer à favoriser sans équité les uns au détriment des autres.

« Qu'est-ce, ajoute l'orateur, qu'on a répondu aux observations que j'ai présentées tout à l'heure ? Que la récidive est l'indice d'une perversité particulière.

« C'est vrai, s'il s'agit de la récidive dans le même délit. Mais est-ce le cas de l'amendement ?

« Je crois avoir prouvé que, le plus souvent, les condamnations dont il s'agit représenteront une diversité de délits dont les rapports entre eux ne peuvent constituer la récidive de délits s'appliquant à des faits de nature différente, n'ayant point de liens entre eux. Or, l'accomplissement successif de délits de cette nature ne suppose pas une aggravation de perversité...Mon honorable contradicteur n'en excepte même pas les condamnations multiples à une simple amende : trois délits de chasse rendront indigne. Voilà jusqu'où va sa logique implacable !

«... La condamnation multiple peut être grave,mais, dans ce cas,la peine elle-même est grave, et comme mon amendement vise les condamnations dont la totalité ne dépasse pas un an, il faut bien que je me mette au-dessus de cette hypothèse. Dans ces termes-là il ne s'agit que de condamnations n'ayant pas d'importance, ne constituant pas la récidive et ne supposant pas une perversité sérieuse ; il peut y avoir, il y aura souvent les cas les plus intéressants ; et, en vérité, est-il légitime de venir dire : quinze ans de bonne conduite qui suffiront à un individu condamné à deux ans de prison ne suffiront pas à ceux qui seront dans cette situation, et jamais ils ne pourront jouir du bénéfice de la loi ! Je ne puis accepter cette conclusion. »

Quant à la réhabilitation, « il a été reconnu qu'il y a un très grand nombre de situations et les plus dignes, les plus méritoires, qui ne peuvent pas braver les graves aléas de la réhabilitation judiciaire... Ceux qui par d'âpres efforts, par la continuité d'une bonne conduite constante, sont arrivés, dans quelque lieu où leur faute n'a pas été connue, à conquérir la considération et l'estime publique » doivent-ils être exposés, par l'obligation de se présenter devant une Cour d'appel, « aux risques de tout perdre par les indiscrétions, presque inévitables, des enquêtes exigées » ? Ou « à se voir dénoncés comme d'anciens condamnés ? »

« Cela est impossible, s'écria l'éloquent orateur, et c'est précisément parce que vous l'avez jugé ainsi qu'en première délibération, vous avez reconnu la nécessité de la loi et décidé que la prescription du casier judiciaire après une longue épreuve, et, après une plus longue épreuve encore, la réhabilitation de droit devait leur être légitimement accordée.

« Ce sont là, messieurs, de grandes et libérales mesures, qui ne tarderont pas à faire de cette loi une loi populaire entre toutes. C'est une innovation hardie à coup sûr, car vous n'en trouverez l'équivalent dans aucune législation pénale ; vous aurez été les premiers à proclamer qu'à côté de la rigueur, élément essentiel de la répression il faut qu'à son tour intervienne le pardon, le pardon définitif qui efface tout, le pardon, aussi utile à la société qui l'accorde qu'à l'individu qui l'obtient, car il met un terme à cette foule de situations fausses et de malheurs immérités qui ne sont pas sans danger pour elle...

« Ce sera un grand honneur pour le Parlement français d'avoir voté cette loi. Mais si elle doit être adoptée j'insiste, messieurs, pour qu'elle soit complète, qu'elle donne la justice et pour que vous ne vous laissiez pas détourner par la séduction d'une logique trop absolue, du but qu'elle doit atteindre, je vous prie d'adopter la proposition de la commission. (*Très bien ! et applaudissements sur un grand nombre de bancs.*) »

Après le discours de M. Bérenger, personne ne demande plus la parole et le Sénat vote la deuxième partie du 3° de l'ancien article 9 (« ou les condamnations multiples dont l'ensemble ne dépasse pas un an »). Le 4° est également voté, ainsi que l'ensemble de l'article 9, devenu l'article 8.

Le nouvel article 9 (ancien article 8) est ensuite adopté dans les termes qui sont reproduits par la loi du 5 août 1899. Il en est de même de l'article 16.

M. *le Garde des sceaux* présente une observation sur le paragraphe premier de l'article 11. (« Quiconque, en prenant le nom d'un tiers, aura déterminé l'inscription au casier de ce tiers d'une condamnation, sera puni de six mois à cinq ans d'emprisonnement *sans préjudice des poursuites à exercer pour faux s'il y échet* ») : « Le fait prévu par ce paragraphe, dit-il, constitue en lui-même un faux. Il s'agit d'un individu qui se présente sous le nom et avec l'état civil d'un autre et se fait condamner sous son nom : c'est un faux.

« La première partie du paragraphe correctionnalise le faux et le frappe d'une peine de six mois à cinq ans d'emprisonnement : j'accepte cette solution, mais il me semble que les mots « sans préjudice des poursuites... » sont inutiles. »

M. *Thézard* : « Et si le faux est accompagné d'un autre faux caractérisé » ?

M. *le Garde des sceaux :* « Le faux qui consiste à se faire condamner sous le nom d'un autre, vous le correctionnalisez ; s'il en existe un autre, vous pourrez le poursuivre ; quant au fait lui-même, vous ne pouvez pas le correctionnaliser et en faire en même temps l'objet d'une poursuite criminelle ».

M. le rapporteur explique le sens exact de la partie critiquée : il se peut qu'à côté de l'usurpation du nom d'un tiers il y ait usage de ce nom dans l'instruction : il peut y avoir de véritables faux commis dans l'instruction par ce même individu. Si l'on supprimait la disposition critiquée, on pourrait se demander si l'usage de faux devrait encore être l'objet de poursuites criminelles, alors que le faux principal aurait été poursuivi correctionnellement.

« Je ne vois pas, conclut le rapporteur, l'utilité pratique de l'observation de M. le Garde des sceaux ; je vois, au contraire, l'inconvénient qu'elle présente, lorsqu'en dehors du fait correctionnel que nous visons il existe un crime de faux caractérisé pouvant être l'objet d'une poursuite particulière. »

M. *le Garde des sceaux* déclare ne pas insister pour la suppression de la fin du paragraphe premier, qui est adopté avec l'ensemble de l'article 11.

Le Sénat vote ensuite, sans discussion, les derniers articles du projet de loi et l'ensemble de ce projet.

§ 4. *Examen du projet de loi par la Chambre des députés.*— Transmis à la Chambre des députés le 30 mars 1899, le projet ainsi adopté par le Sénat est soumis à la commission de la législation criminelle, composée de trente-trois députés. Cette commission élit rapporteur son président, M. Bovier-Lapierre, qui dépose, le 21 juin 1899, un rapport dont la teneur, d'une extrême clarté, est un exposé précis des réformes effectuées par le Sénat et acceptées par la commission de la Chambre.

Le projet, dont l'ordre du jour appelle la discussion à la séance du 5 juillet, est, après déclaration d'urgence, adopté sans débat par la Chambre des députés, conformément aux conclusions de la commission de législation criminelle et de son rapporteur.

La loi est promulguée le 5 août 1899 et publiée au *Journal officiel* du 7 août.

Un décret portant règlement d'administration publique pour l'application de cette loi est promulgué le 12 décembre suivant et une circulaire de M. le Garde des sceaux, en date du 15 décembre, vient commenter loi et décret (V. *suprà*, p. 40 et 41).

Chapitre IV. — Travaux préparatoires de la loi du 11 juillet 1900

Projet de loi modifiant la loi du 5 août 1899, présenté au Sénat le 4 décembre 1899 (Doc. parlem. Sénat, 1899, n° 245). — Rapport déposé par M. Bérenger le 10 avril 1900 (*Idem*, n°164 de 1900) ; — Rapport supplémentaire de M. Bérenger, déposé le 1er juin (n° 192). — Première délibération, discussion, déclaration d'urgence et adoption à la séance du 15 juin (*J. Off.* du 16).
Transmission à la Chambre des députés le 21 juin 1900 (Doc. parl. Chambre, 1900, n° 1738). — Rapport de M. Delpech-Cantaloup, déposé le 2 juillet (n° 1788). — Délibération et adoption après déclaration d'urgence, le 5 juillet (*J. Off.* du 6).
Transmission au Sénat le 9 juillet 1900 (Doc. parlem. Sénat, 1900, n° 308). — Rapport de M. Bérenger, déclaration d'urgence et adoption définitive le 9 juillet (n° 316 et *J. Off.* du 10 juillet).
Promulgation du 10 juillet (*J. Off.* du 17).

La pratique ne tarda pas à mettre en évidence des lacunes que les rédacteurs de la loi du 5 août 1899 n'avaient pas pu, malgré leur habileté et leur science, prévoir dans une matière aussi délicate et aussi nouvelle. Le Gouvernement résolut de faire combler ces lacunes et présenta, dès le 4 décembre 1899, au Sénat, un projet de loi, qui fit l'objet d'un premier rapport, déposé le 10 avril 1900. Ce rapport, — dû à l'esprit si admirablement clair et à la logique si fortement rigoureuse de M. Bérenger, président de la commission chargée par le Sénat d'examiner le projet, — conclut à l'adoption des propositions gouvernementales et de plusieurs autres ajoutées au texte du gouvernement par la commission, et dues pour la plupart à M. Bérenger lui-même, qui mit, une fois de plus, sa haute compétence au service des malheureux et, notamment, des mineurs de seize ans acquittés pour défaut de discernement.

Le Garde des sceaux proposa de nouvelles modifications qu'accepta la commission sénatoriale, au nom de laquelle M. Bérenger déposa, le 1er juin 1900, un rapport supplémentaire.

Il nous paraît inutile d'analyser toutes les additions ou suppressions apportées à la loi du 5 août 1899 par les projets du gouvernement et de la commission : les unes et les autres sont exposées dans le discours prononcé par M. Bérenger dans la séance du 15 juin, séance dont le résumé suit :

Séance du 15 juin 1900.

M. *Bérenger, rapporteur,* expose, dès le début de la séance, le but de la réforme proposée et en fait connaître l'économie. Les principales dispositions du projet gouvernemental, adopté par la Commission du Sénat, sont les suivantes :

1° Les bulletins n° 1 du casier judiciaire, concernant les musulmans du Maroc, du Soudan et de la Tripolitaine au lieu d'être adressés au casier central du Ministère de la justice, devront être centralisés au greffe de la Cour d'Alger. Il y a là une simplification surtout au point de vue des recherches.

2° Aux magistrats qui, en vertu de l'article 4 de la loi du 5 août 1899, ont le droit de se faire délivrer des bulletins n° 2 contenant toutes les condamnations le projet ajoute le préfet de police, « parce qu'il est essentiel, dit justement le rapporteur, que la préfecture de police ait des dossiers assez complets pour qu'elle ne soit pas obligée, pour chaque affaire, de recourir aux parquets de Paris et surtout des départements ». Le projet donne aussi le droit, fort utile, aux présidents des tribunaux de commerce d'obtenir un bulletin n° 2 de toute personne dont la faillite ou la liquidation judiciaire est demandée. Ce droit leur était reconnu par les circulaires.

« Nous avons également donné, dit M. Bérenger, sur la demande d'un des membres de la Commission ce droit d'acquérir l'intégralité des condamnations aux sociétés de patronage des libérés. Jusqu'à la loi du 5 août 1899, elles étaient en possession du droit, et c'est par un oubli qu'il ne leur a pas été maintenu. Il importe, en effet, que la connaissance entière des condamnations prononcées contre les malheureux qui s'adressent à elles leur soit connue, soit pour pouvoir les aider en connaissance de cause dans la recherche du travail, soit encore pour les diriger dans les demandes en réhabilitation qu'ils peuvent avoir à faire.

« Quant aux administrations publiques de l'Etat, la loi leur reconnaît le même droit, mais seulement lorsqu'il s'agit pour elles de statuer sur des demandes d'emploi. Il importe, en effet, que, dans ce cas, elles soient complètement renseignées sur le passé des solliciteurs ». Il en est de même en cas de demande de distinction honorifique ou de soumission à des adjudications publiques. Il est absolument essentiel « pour certains ministères, comme le Ministère de la guerre ou celui de la marine, d'être complètement édifiés sur le passé des individus qui se présentent pour passer avec eux des marchés...

« Toujours à propos de l'article 4, une modification importante vous est soumise... Il est instamment demandé par les sociétés de patronage, qui s'occupent particulièrement de la protection et du relèvement des enfants, que dans le bulletin n° 2 lui-même, qui doit comprendre l'intégralité des mentions du casier, ne figurent pas les décisions rendues contre les mineurs ayant agi sans discernement. Ces décisions qui comportent d'abord leur acquittement, bien qu'elles contiennent ensuite la mesure d'un caractère correctif et éducateur plutôt que répressif, de l'envoi dans une colonie pénitentiaire, ne sont pas en effet des dispositions pénales...

3° Le projet contient d'importantes modifications à l'article 8 de la loi du 5 août 1899. La première est relative à la prescription du casier, quant aux condamnations les plus minimes. L'éloquent rapporteur fait connaître la genèse de la restriction apportée à la prescription d'un an par les mots « à condition que la condamnation n'ait point entraîné une incapacité civile ou politique ». On sait que ces mots ont été ajoutés au premier paragraphe de l'article 8 sur la proposition de M. Thézard et pour maintenir au bulletin n° 3 les condamnations à moins de 6 jours ou de 25 fr. emportant une incapacité.

« L'exposé des motifs du projet de loi représente avec force, dit M. Bérenger, les difficultés d'application que la rapidité d'un vote improvisé en séance n'a pas permis d'apercevoir et que la pratique a révélées ! En premier lieu, on ne s'est pas rendu compte que la réserve des conditions emportant incapacité avait pour conséquence d'annuler à peu près complètement la disposition principale. Le décret du 2 février 1852, auquel elle se référait évidemment, n'est point en effet le seul texte qui édicte des incapacités. Diverses lois en ont, depuis, considérablement augmenté les restrictions. Celle du 21 novembre 1872 sur le jury, notamment, a frappé d'incapacité totale ou partielle un grand nombre de condamnations, même à l'amende seule et toutes les condamnations correctionnelles à l'emprisonnement, quel qu'en soit le taux (art. 2, §§ 5 et 11)... »

Le Gouvernement et la Commission sénatoriale proposent, en conséquence, de supprimer la réserve de l'incapacité, mais, comme contre poids, de porter le délai d'épreuve à deux ans, au lieu d'un.

La deuxième réforme apportée à l'article 8 est relative aux amendes. « La loi porte que, lorsqu'il y a eu condamnation à l'amende, soit principale, soit adjointe à une peine corporelle, les délais de cinq, dix ou quinze ans, doivent commencer à partir de l'acquittement de l'amende. Il en résulte une aggravation singulière en matière de réhabilitation du droit des dispositions qui sont en vigueur, suivant le code d'instruction, en matière de réhabilitation après enquête.

« En effet, en matière de réhabilitation après enquête, c'est-à-dire de réhabilitation telle qu'elle existait avant la loi du 5 août 1899, le condamné à l'amende, soit principalement, soit accessoirement à une peine corporelle, est simplement tenu de payer l'amende. S'il la paye, à quelque moment que ce soit, il n'a pas à se préoccuper des délais impartis par la loi... Il suffit que ces délais existent depuis la condamnation ». Avec la réhabilitation de droit, au contraire, le délai ne courait que du jour du payement, ce qui, en cas d'indigence du condamné, retardait sa réhabilitation et pouvait même la rendre impossible. Bien plus, un individu condamné à une peine corporelle et à une amende accessoire pouvait n'avoir pas prêté attention à cette amende, l'ignorer et n'en connaître l'existence qu'à l'époque où il croyait sa condamnation prescrite et sa réhabilitation acquise. Aussi, tout en exigeant le payement de l'amende par le condamné solvable, comme une condition nécessaire de la réhabilitation, la Commission sénatoriale a-t-elle, sur l'initiative généreuse de M. Bérenger, décidé de proposer que le délai de réhabilitation courrait du jour même de la condamnation. « Vous permettrez ainsi, dit textuellement le rapporteur, à une foule de malheureux qui, par l'effet de leur ignorance, seraient privés des bénéfices de la loi, de venir en réclamer l'avantage.

« Nous avons voulu faire un peu plus, ajoute-t-il...
Nous nous sommes demandés s'il était juste, au cas que
l'homme est véritablement et a toujours été hors d'état
de payer, de le priver de la faveur de la loi. Fallait-il,
parce qu'il est misérable, parce qu'il n'a pas eu le
bonheur d'être dans une situation qui lui eût permis
d'acquitter. la condamnation pécuniaire, l'exclure du
bénéfice de la loi ? Nous ne l'avons pas pensé et nous
avons décidé que s'il pouvait prouver son insolvabilité,
il pourrait en bénéficier ».

Ainsi, en cas de payement, le délai part de la condamnation ; en cas d'insolvabilité, la preuve de cette
insolvabilité équivaut à une libération. Que décider en
cas de prescription ? « La prescription a toujours été
considérée comme un mode d'exécution des condamnations. C'est un axiome en matière de droit. La loi relative à la réhabilitation des contumaces en a fait l'application et, pour ces raisons, nous n'avions pas jugé utile
de rappeler le principe de la loi du 5 août. Mais l'administration a eu des doutes à cet égard. Nous avons, en
conséquence, introduit sur ce point, dans le projet actuel,
un texte qui est accepté par le Gouvernement ».

Restait la question de la preuve de l'exécution. Cette
preuve incombait au condamné, ce qui lui rendait sa
réhabilitation difficile, parfois impossible, quand un
laps de temps considérable s'était écoulé depuis sa condamnation. La Commission a cru devoir mettre désormais cette preuve à la charge du Parquet.

Toujours en ce qui concernait les amendes, elle a eu
à résoudre une autre difficulté : la loi de 1899 ne pré-
voyait pas le cas de condamnations multiples à l'amende.
La Commission a fort équitablement assimilé ce cas à
celui des condamnations multiples à l'emprisonnement.

« L'article 2 du projet est particulièrement relatif aux

instances en réclamation contre les décisions prises par les parquets au sujet de l'application de la loi. Une question n'avait pas été prévue : c'est la question de savoir si ces instances devaient avoir un caractère public. Nous ne l'avons pas pensé, dit M. Béranger. Vous comprenez, Messieurs, combien en cette matière, où le secret est indispensable, il peut être pénible pour un homme, qui a subi une condamnation, souvent ancienne et oubliée, de voir saisir publiquement les tribunaux et d'être exposé par ce fait à voir révéler une situation que, jusque-là, il avait non-seulement cachée, mais rachetée. Par cette considération, nous avons cru devoir décider que ces réclamations seraient jugées en la Chambre du Conseil.

« Il reste, Messieurs, deux dispositions relatives aux condamnations étrangères. Nous avions, dans la loi de 1899, décidé que les condamnations étrangères ne figureraient sur les bulletins délivrés aux parties qu'autant que le fait pour lequel elles seraient intervenues serait puni par la loi française. Vous comprenez, Messieurs, que le casier judiciaire étant fait pour constater les faits reconnus coupables par les tribunaux et qui ont été constatés régulièrement, ce serait faire un singulier abus du casier judiciaire et le faire sortir de son but que d'y joindre des condamnations prononcées à l'étranger pour des actes qui ne sont pas punis par la loi française. Des faits qui ne sont pas punissables par la loi française, le fussent-ils par la législation étrangère, n'existent pas pour le droit français. Nous avions donc décidé — c'était le droit naturel — que les condamnations portant sur des faits non punissables d'après la loi pénale française ne figureraient pas au casier judiciaire.

« M. le Garde des sceaux a eu, à cet égard, une préoccupation très vive ». Il a fait observer combien le greffier chargé de la délivrance des bulletins, aurait de diffi-

culté à discerner les faits punis par la loi française. La
Commission a estimé que ce ne serait pas au greffier
qu'incomberait ce classement mais au Ministère de la
justice, auquel parviennent les bulletins de condamnation dressés à l'étranger. Lorsqu'un de ces bulletins con-
cernera une infraction non prévue par nos lois pénales,
il ne devra pas être transmis au greffe de l'arrondissement d'origine.

« Une dernière observation, Messieurs, doit être faite.
L'article 12 de la loi de 1899 porte. — et il semble que ce
soit là une règle de réciprocité qui, en général, préside
aux rapports des gouvernements entre eux — que les
étrangers condamnés en France ne profiteront de la loi
que si nos nationaux peuvent bénéficier de mesures semblables à l'étranger. C'est ce qu'on a appelé, de tout
temps, la loi de réciprocité ; elle paraissait fort juste.
Mais nous avons dû constater, sur les observations de
M. le Garde des sceaux, que des difficultés sérieuses se
présentaient. En effet, on nous a mis sous les yeux un
traité, en date du 1er avril 1874, passé entre la Russie et
la France. Ce traité assure aux Russes l'égalité de droits
avec les Français, de même qu'en Russie l'égalité de
droits avec les Russes est accordée aux Français. En
présence de cette disposition, une difficulté pouvait
déjà se présenter ; mais elle se trouve aggravée par
cette circonstance que, postérieurement, un grand nombre de traités ont été faits avec les nations étrangères,
dans lesquels il a été stipulé que leurs nationaux joui-
ront en France des droits de la nation la plus favorisée.
De sorte que l'on se trouve là dans un dédale d'inter-
prétations très difficiles à débrouiller... Nous avons cédé
par cette considération dominante que de mettre dans
la loi aucune restriction relative aux étrangers serait
une mesure plus libérale et plus généreuse. Les
admettre, même sans réciprocité, à profiter du bénéfice

de la loi, nous a paru plus conforme à l'esprit de généro-
sité et de courtoisie dont notre nation se fait honneur.
Nous avons, en conséquence, accepté à cet égard les
propositions du Gouvernement ».

M. *Le Cour-Grandmaison*, «... Quand il s'agit des
étrangers, il est bien entendu qu'on ne pourra réhabili-
ter que ceux qui seront restés en France. Supposez, en
effet, un étranger qui ait fait faillite ou encouru une
condamnation correctionnelle en France, qui ait voyagé
ensuite pendant vingt ou vingt-cinq ans, et qui vienne
ensuite se prévaloir du texte de la loi. Il me semble que
cela n'est pas admissible, car il pourrait y avoir là de
gros abus ! »

M. *le Rapporteur* : « C'est une question d'appréciation ! »

M. *Le Cour-Grandmaison* : « Remarquez que cet
individu a peut-être fait des dupes dans le monde
entier, et qu'il va venir se prévaloir d'une condamnation
unique pour obtenir sa réhabilitation ».

M. *le Rapporteur* : « Du moment que les condamnations prononcées à l'étranger doivent figurer au casier
judiciaire, on aura vraisemblablement des renseignements suffisants sur sa conduite à l'étranger ; et, puisque nous instituons une juridiction pour statuer sur ces
réclamations, ce sera cette juridiction qui aura à se prononcer... »

Personne ne demandant plus la parole, la discussion
générale est close, puis les dispositions du projet relatif
aux articles 1 à 3 de la loi du 5 août 1899 sont adoptées.
Sur l'article 4 de cette loi il y a un amendement de
M. Monsservin, ainsi conçu : « Ajouter au paragraphe 2 :
« Il est aussi délivré aux juges de paix, qui le réclame-
« ront pour le jugement d'une contestation en matière
« d'inscription sur les listes électorales ».

M. *Monsservin*, avant de soutenir son amendement, fait

une critique de la prescription du casier judiciaire et de la réhabilitation de droit. Il fait ressortir le préjudice causé par l'institution du bulletin n° 3 à l'ouvrier honnête qui, n'ayant d'autre preuve à donner de son honorabilité qu'un bulletin du casier judiciaire, ne pourra produire qu'un bulletin forcément suspect aux yeux des patrons, puisque certaines condamnations ne doivent jamais y figurer et que certaines autres cessent d'y être inscrites après les délais de la loi. Il met en parallèle l'avantage immérité que retireront de la loi les condamnés qui, sans encourir de nouvelle condamnation, auront une conduite irrégulière, ignoble même, et qui seront réhabilités de plein droit. « C'est, ajoute-t-il, en vous signalant ce qu'il y a à cet égard de fâcheux dans la loi que je reviens à l'article 4 et que je manifeste mon regret de ce que, dans cet article, on n'ait pas trouvé le moyen de donner à l'honnête homme, à l'ouvrier qui n'a jamais failli, le moyen de faire constater ses antécédents, comme on les constatait autrefois ».

L'honorable adversaire de la loi défend ensuite son amendement donnant le choix aux juges de paix de se faire délivrer un bulletin n° 2 dans toute contestation relative à l'inscription sur les listes électorales. « Je n'ai pas, dit-il, à justifier l'importance qu'il y aurait à leur accorder ce droit ; nous vivons sous un régime où le suffrage des citoyens domine tout et nous sommes tous intéressés à ce que les listes électorales ne portent pas le nom de gens que la loi a déclarés indignes d'y figurer et à ce que, sur les listes électorales, ne se trouvent pas les noms de personnes qui pourraient capter ainsi les suffrages des citoyens. M. le président de la Commission a formellement reconnu la légitimité de mon amendement, dans son rapport il déclare que la commission ne conteste pas que la communication intégrale des mentions du casier judiciaire était indispensable au juge de paix

pour juger les demandes en rectification des listes électorales. Néanmoins elle s'est montrée défavorable à mon
amendement par le motif qu'elle pensait que le juge de
paix ne devait pas ignorer les condamnations prononcées, l'autorité administrative en ayant connaissance
elle-même et devant lui en faire part. Dans le cas où
elle-même ne l'aurait pas fait, la commission pense que
le juge de paix n'aurait qu'à s'adresser au procureur de
la République, au procureur général ou au Ministre.

« Tout ceci est fort bien et je ne mets pas en doute la
bonne volonté de l'autorité administrative, mais nous
savons très bien ce qui se passe ; à la veille des élections
l'autorité administrative est débordée, elle a ses préoccupations et il se peut très bien que, malgré les injonc-
tions de la loi, elle oublie de saisir le juge de paix de
tous les bulletins n° 2 pouvant constituer des cas d'indi-
gnité électorale. L'orateur démontre l'impossibilité pour
le juge de paix de s'adresser au garde des sceaux pour
faire obliger l'autorité administrative à lui communiquer
les bulletins du casier ; il recherche ensuite quel inconvénient il pourrait y avoir à délivrer un bulletin n° 2 aux
juges de paix. Ce n'est certes pas le danger d'une indiscrétion. D'ailleurs, puisque l'administration doit communiquer les bulletins n° 2 au juge de paix, pourquoi ne
pas permettre à ce magistrat de les demander directement ? »

M. *Bérenger, rapporteur*, ne croit pas utile de répondre aux critiques formulées par M. Monsservin contre les
principes mêmes de la loi du 5 août 1899, l'honorable
préopinant ne proposant aucun texte qui infirme ces
principes. « Je dois considérer dit-il, que l'honorable
M. Monsservin, pour faire honneur à des opinions très
anciennes et très profondes chez lui, a voulu brûler en
leur faveur une dernière cartouche, sans se dissimuler
l'inutilité de ses efforts *(Très bien ! et rires)* ».

En ce qui concerne l'amendement, la Commission le juge inutile et croit que le droit donné aux juges de paix par cet amendement « aurait quelques inconvénients ». L'esprit de la loi est de limiter le plus possible le nombre des personnes qui auront la connaissance entière du casier judiciaire. Or il ne faut pas oublier qu'il y a près de 3.000 juges de paix en France et que, si vous accordez à 3.000 fonctionnaires le droit de réclamer les mentions complètes du casier judiciaire, les chances d'indiscrétion que nous redoutons seront considérablement accrues ; car vous ne pensez pas, naturellement, que si vous accordez ce droit aux juges de paix, il sera obligé, pour chaque affaire, de justifier du droit qu'il a d'être en possession de cette pièce. Non, il faudra reconnaître que le juge de paix est une des autorités qui peuvent avoir toujours une connaissance entière du casier judiciaire. Il en résulte que le secret qu'on cherche à instituer le mieux possible risquerait fort d'être mal gardé ».

M. le garde des sceaux, qui est l'auteur du projet en discussion, est, sur ce point, de l'avis de la Commission et lui a fait savoir que le juge de paix avait toujours en fait, le bulletin n° **2** de chaque affaire électorale.

M. *de Casabianca* : « Messieurs, j'ai peine à m'expliquer le veto que la commission oppose à l'adoption de l'amendement de l'honorable M. Monsservin. A la demande de M. le garde des sceaux, la commission a introduit dans le projet une disposition nouvelle qui pourrait bien donner lieu à des abus. Par cette disposition, la commission concède aux présidents des tribunaux de commerce le droit de demander des extraits du casier judiciaire, sans même, à mon sens, suffisamment préciser les cas dans lesquels cette communication devra être faite...

« Je voudrais que le texte portât que semblable communication ne sera faite, *que dans les cas où les tribunaux seront appelés à statuer* sur des demandes de faillite ou de liquidation judiciaire ». En ce qui concerne les juges de paix, les indiscrétions ne sont pas à redouter de leur part. Ils peuvent donc, sans inconvénient aucun, se faire délivrer des bulletins n° **2**. Bien plus, la commission municipale, première juridiction appelée à statuer sur les réclamations concernant la liste électorale, doit avoir le même droit. Or, cette juridiction en est également privée. Si l'électeur n'a pu obtenir d'elle gain de cause, faute de pouvoir produire un bulletin n° **2**, il ira en appel devant le juge de paix, et « pas plus que la commission municipale, ce magistrat ne pourra, lui non plus, demander communication du casier judiciaire. Je ne m'explique pas une telle disposition, s'écrie l'orateur, aux applaudissements du Sénat ». « Ainsi, ajoute-t-il, voilà un magistrat qui, lui, va statuer en dernier ressort, et il ne pourra pas, de par votre loi, s'entourer des renseignements sans lesquels il lui sera impossible de rendre bonne justice. Que devient dans ce cas la confection des listes électorales ? que devient la sincérité du scrutin ? On nous console, on essaye de nous rassurer en disant : « Le procureur de la République est là ! » Ce magistrat, laissez-moi vous le dire, n'a rien à voir en pareille matière. Le parquet, que je sache, n'a pas à intervenir dans la confection des listes électorales. Le juge de paix doit statuer en toute indépendance, et lui, lui seul, a le droit et le devoir de prendre tous les renseignements qui lui paraissent nécessaires...

« J'insiste auprès du Sénat pour qu'il veuille bien adopter l'amendement dont il est saisi. Il assurera, par cette mesure, la bonne administration de la justice, et telle doit être la principale préoccupation de la loi *(Applaudissements sur un grand nombre de bancs).* »

M. *Théodore Girard* objecte que le maire, avant d'inscrire les électeurs sur la liste électorale, demande un bulletin n° 2 au parquet. Le bulletin, qui reste au dossier, parvient donc au juge de paix.

M. *Milliès-Lacroix* appuye cette observation.

M. *Léopold Faye* : « Dans tous les cas, ce qui abonde ne nuit pas ».

M. *Monsservin* fait observer qu'en cas de candidature officielle, l'administration pourrait ne pas communiquer le bulletin n° 2 au juge de paix. Quant au danger d'indiscrétion, il est d'autant moins à craindre que le même article 4 porte : « Les bulletins n° 2 réclamés pour l'exercice des droits politiques ne comprennent que les décisions entraînant des incapacités relatives à l'exercice des droits politiques ».

L'article 4 et l'amendement de M. Monsserin sont adoptés, ainsi que les articles 5 à 14 de la loi du 5 août 1899, modifiés par le projet et formant l'article 1ᵉʳ de ce projet.

M. *Victor Leydet*, parlant sur l'ensemble de cet article 1ᵉʳ, demande pourquoi l'article 5, modifié, donne aux autorités militaire ou maritime le droit de connaître la liquidation judiciaire d'un individu soumis au service militaire, alors que « la liquidation judiciaire n'est pas une condamnation, n'est pas un crime, d'autant plus qu'il s'agit de jeunes gens de dix-neuf, vingt et vingt et un ans ».

M. *le rapporteur* : « Ces mots : faillite et liquidation judiciaire ont été introduits dans le projet de loi sur la demande expresse du ministère de la guerre, qui l'a justifiée par cette raison que le ministre de la guerre doit connaître exactement les antécédents et, en somme, toute la vie des militaires de la réserve ou de l'armée territoriale auxquels il peut être amené à conférer des grades ou des distinctions...

« Je comprends très bien qu'une déclaration de faillite ou une liquidation judiciaire n'a pas l'importance d'une condamnation et, pour ma part, si j'avais été libre de le faire, j'aurais demandé — comme je l'ai demandé au Sénat, lors de la discussion de 1899 — que la faillite, qui n'est pas une condamnation pénale, ne figurât pas dans le casier judiciaire, qui n'est autre chose que la constatation des condamnations pénales. Je ne l'ai pas obtenu. On a considéré que la faillite — et il en est de même pour la liquidation judiciaire, quoique dans une moindre mesure — entraînait des incapacités et qu'il était, par conséquent, essentiel que les autorités militaires et civiles connussent ces incapacités. Les règles de la faillite sont dures et rigoureuses, j'ai le droit de le dire, puisque je les ai signalées dans une proposition que j'ai récemment déposée devant le Sénat et qui est relative à la réhabilitation des faillis. Ces règles, que nous avons conservées jusqu'à présent en France, n'existent plus dans les quatre cinquièmes de l'Europe, où elles ont été remplacées par des principes plus doux. Je reconnais parfaitement cela, mais enfin, tant que nous n'aurons pas modifié la législation, il est certain que la faillite et la liquidation judiciaire entraînent des incapacités...

« Pour la faillite, les incapacités électorales sont complètes. On ne peut être ni électeur, ni éligible. Pour la liquidation judiciaire, l'incapacité est moindre. On peut être électeur, depuis la loi que vous avez votée il y a quelques années sur le rapport de l'honorable M. Demôle, mais on ne peut pas être éligible... Admettriez-vous qu'on puisse donner un grade à un homme qui ne peut pas être éligible ? Non ! il y aurait évidemment là une contradiction. En tout cas, sans préjuger ce que l'autorité militaire doit faire, lorsqu'elle connaît les faits entièrement, pour ma part, je lui saurais gré de faire une appréciation équitable des circonstances ; mais enfin, encore faut-il qu'elle les connaisse... »

L'ensemble de l'article 1er est adopté ; il en est de même de l'article 2.

Sur la demande du rapporteur, l'urgence est déclarée. L'ensemble du projet de loi est ensuite adopté.

Transmis à la Chambre des Députés le **21 juin 1900**, il y fait l'objet d'un rapport de M. Delpech-Cantaloup, déposé par l'honorable rapporteur le **2 juillet**, puis discuté dès la séance publique du **5 juillet**, dans laquelle le projet tout entier est adopté, après déclaration d'urgence, avec un amendement de M. Berteaux, accepté par la Commission de la Chambre. Cet amendement, qui modifie l'article 8, nécessite le renvoi du projet au Sénat, qui le reçoit le **9 juillet** et, sur la proposition de M. Bérenger, de nouveau rapporteur, le discute le jour même et adopte à son tour l'amendement, dont la portée est ainsi expliquée et le but justifié par l'éminent rapporteur. « A l'un des derniers paragraphes de l'article 8, ainsi conçu : « Lorsqu'une amende aura été prononcée principalement ou accessoirement à une autre peine, l'inscription ne cessera qu'après qu'elle aura été acquittée... », la Chambre a ajouté ces mots : « ou prescrite ».

« D'autre part, dans le dernier paragraphe du même article ainsi conçu : « En cas de prescription de la peine corporelle ou de l'amende, les délais commencent à courir du jour où elle sera acquise », les mots « ou de l'amende » ont été supprimés.

« Ces deux modifications procèdent de la même pensée, celle de faire courir les délais d'épreuve en matière de condamnation à l'amende, aussi bien en cas de prescription qu'en cas de payement, non à partir du jour où la peine est prescrite, mais à dater de celui où la condamnation est devenue définitive, et cette règle n'a pas été modifiée par la loi du 10 mars 1898 relativement à la réhabilitation... Il s'agirait simplement de revenir à une règle déjà admise en matière de réhabilitation après enquête. Cette considération a déterminé votre Commission à vous proposer d'accepter les modifications votées

par la Chambre ». Ces modifications sont adoptées par
le Sénat, l'ensemble du projet l'est ensuite et devient loi
par promulgation du 11 juillet 1900.

Chapitre V. — Economie des lois du 5 août 1899 et du 11 juillet 1900

La première de ces lois, celle du 5 août 1899, est de
beaucoup la plus importante et n'a été modifié que sur
certains points par la loi du 11 juillet 1900. Toutes
deux, bien que comprenant, l'une quatorze, l'autre seize
articles, ne sont en réalité divisées qu'en sept parties :

1º Les cinq premiers articles ne sont guère que la
codification, succincte et précise, des instructions ministérielles relatives au casier judiciaire. Ils donnent force
de loi aux principales dispositions des circulaires que
nous avons analysées au début de cette étude.

2º Les art 6. et 7 instituent et réglementent le bulletin n° 3, qui peut, seul, être délivré aux particuliers.

3º Les art. 8 et 9 déterminent les conditions dans lesquelles certaines condamnations cessent d'être inscrites
au bulletin n° 3 ou doivent, après une condamnation
ultérieure, y être de nouveau portées. Ces dispositions
régissent la « prescription du casier judiciaire ».

4º L'art. 10 crée une réhabilitation de plein droit.

5º Les art. 11 et 12 édictent des pénalités contre les
fraudes ayant pour effet de falsifier le casier judiciaire
ou d'obtenir le bulletin n° 3 d'un tiers.

6º L'art. 13 concerne l'application de la loi.

7º Les art. 14, 15 et 16 réglementent la procédure
en rectification du casier judiciaire et celles relatives
aux autres institutions de la loi.

I

PREMIÈRE PARTIE

Codification des instructions ministérielles (art. 1 à 5 de la loi du 5 août 1899). — L'art. 1ᵉʳ concerne les bulletins nᵒ 1. Il reproduit exactement les prescriptions de la circulaire du 6 novembre 1850. C'est donc par cette circulaire qu'il doit être interprété. Le premier alinéa de cet article charge le greffe du tribunal de l'arrondissement d'origine de recevoir, après vérification aux registres de l'état civil de l'identité du condamné, des bulletins dits bulletins nᵒ 1, constatant :

1ᵒ *Les condamnations contradictoires ou par contumace et les condamnations par défaut non frappées d'opposition, prononcées pour crime ou délit, par toute juridiction répressive... »*

Nature des infractions à inscrire au casier judiciaire. —L'opposition même entre les mots « crime » et « délit » prouve que le mot « délit » est pris dans le sens que lui attribue le Code pénal : les travaux préparatoires en font, d'ailleurs, foi. Le rapport de M. Jules Godin au Sénat dit, en effet : « On vise par cette expression les faits passibles de peines correctionnelles. Il s'agit donc non seulement de délits proprement dits, mais même des *délits-contraventions.* Toute condamnation pour un fait passible de plus de cinq jours de prison et de 15 francs d'amende est donc relevée au casier et la nature doit en être envoyée au lieu de naissance du condamné, même lorsque la condamnation est une peine de simple police, par l'effet de l'admission des circonstances atténuantes ».

Il résulte, par contre, du rapport comme de la loi, que les condamnations prononcées pour des *contraven-*

tions, soit par les tribunaux de simple police, soit même par les tribunaux correctionnels, ne sont pas inscrites au casier judiciaire. Cependant, il nous paraît que, comme précédemment, une contravention, connexe à un délit, doit être mentionnée sur le bulletin portant mention de ce délit.

Avant la loi du 5 août 1899, il n'était pas dressé de bulletin n° 1 pour constater les amendes correctionnelles infligées à la requête d'administrations publiques ayant le droit de poursuite directe, c'est-à-dire des eaux et forêts, des contributions indirectes et des douanes. (Circ. 6 novembre 1850, note ; 30 décembre 1850, § 4 ; 30 octobre 1856, 30 décembre 1873, § 11 ; 28 novembre 1874, § 13.) Il n'était fait exception qu'en matière de chasse et de pêche. (Circ. 8 décembre 1868, § 12 ; 30 décembre 1873, § 11 ; 28 novembre 1874, § 13.) La généralité des expressions du paragraphe 1er de la loi nouvelle et des termes du rapport précité démontre clairement que cette exception est devenue la règle et que toute condamnation, même à une simple amende, prononcée par un tribunal correctionnel, doit faire l'objet d'un bulletin n° 1, quelle que soit la partie poursuivante : il n'y a pas de doute possible sur ce point. Comme le remarque la circulaire du 15 décembre 1899, § 6, « en dehors même du texte impératif de l'art. 1er, n° 1, cette solution serait imposée, au moins pour les condamnations à une amende supérieure à 1.000 francs, par le n° 6 de l'art. 2 de la loi du 8 décembre 1883 sur les élections des juges consulaires ». La circulaire du 22 janvier 1900 a, au contraire, prescrit de ne dresser que pour les condamnations à l'emprisonnement des bulletins n° 1 constatant les condamnations prononcées à la requête des Administrations publiques.

Condamnations par défaut. — Une difficulté d'interprétation résulte, au contraire, de l'expression « condamnations par défaut *non frappées d'opposition* ». Est-il nécessaire, pour établir le bulletin n° 1 d'une condamnation par défaut, que cette condamnation ait été signifiée à la personne du condamné et que le délai d'opposition (cinq jours) soit expiré ?

L'art. 187 C. instr. crim., modifié par la loi du 27 juin 1866, permet au condamné par défaut de former opposition jusqu'à la prescription de la peine, c'est-à-dire pendant cinq ans, à moins que le jugement ne lui ait été signifié « à personne » ou qu'il ne résulte d'actes d'exécution qu'il a eu connaissance de ce jugement. Aucun bulletin du casier ne devra donc, semble-t-il, être dressé pour constater la condamnation non signifiée à la personne du condamné ou dont celui-ci n'a pas eu connaissance. Les circulaires des 8 décembre 1868, 29 novembre 1869, § 9 ; 7 décembre 1881, § 6 ; 2 décembre 1882, § 7, ont décidé, au contraire, qu'un bulletin n° 1 serait dressé le cinquième jour après la signification du jugement à domicile ou au parquet En cas d'opposition avant la prescription de la peine et d'acquittement sur cette opposition, le bulletin doit être extrait du casier. En cas de condamnation sur opposition, un nouveau bulletin n° 1 est rédigé par le greffe du tribunal qui a prononcé cette condamnation et classé au casier du lieu de naissance à la place du bulletin provisoire.

La condamnation contradictoire prononcée par une cour d'assises contre un inculpé déjà condamné par contumace et comparaissant avant la prescription de la peine, sera, de même, consignée sur un bulletin n° 1 qui remplace le bulletin constatant la condamnation par contumace.

Il y a lieu de continuer d'appliquer ces circulaires, d'une incontestable utilité. Le décret portant règlement d'administration publique pour l'application de la loi nouvelle fait partir de l'expiration du délai d'appel le

délai pour rédiger le bulletin n° 1. Ce délai de rédaction
est de quinze jours. Cette modification nous paraît fondée, le condamné ayant le choix entre l'appel et l'opposition, même contre un jugement qui ne lui a pas été
signifié.

*Quelles sont les juridictions dont les décisions doivent
être inscrites au casier judiciaire?* — Ce sont toutes les
juridictions répressives, répond expressément le § 1er.
Par conséquent, ce ne sont pas seulement les condamnations prononcées par les cours d'assises ou par les
tribunaux correctionnels, mais les condamnations prononcées par la haute Cour de justice, ainsi que l'avait
déjà décidé une lettre du Garde des sceaux au procureur
général de Paris, en date du 13 mai 1853, celles prononcées par les conseils de guerre ou tribunaux maritimes
(Cir. 6 novembre 1850, § 3, 3 *b*), celles aussi que prononcent les juges civils pour outrages ou troubles à
leurs audiences, en vertu des art. 91 C. proc. civ. et
222 C. pén. Dans ce cas, en effet, la juridiction civile
agit comme juridiction répressive. Il en sera de même
d'une condamnation prononcée par la première chambre (civile) de la Cour d'appel, à raison d'un délit commis par un magistrat et par application de l'art. 479 C.
instr. crim.

2° *Les décisions prononcées par application de l'art.
66 C. pén.* — Comme les circulaires fondamentales qui
ont institué et réglementé le casier judiciaire, la loi du
5 août 1899 exige que ces décisions soient inscrites au
casier judiciaire, bien qu'elles ne constituent pas, en
droit, des condamnations, l'art. 66 ne permettant que
l'acquittement des mineurs ayant agi sans discernement.
C'est qu'il y a intérêt pour le ministère public à connaître tous les antécédents d'un inculpé, un acquittement
de cette nature n'étant pas motivé par une preuve d'in-
nocence, ni par un doute sur l'existence des faits de la

prévention, ni par le caractère juridique du délit relevé, mais par une infériorité mentale de l'inculpé.

La circulaire du 8 décembre 1868, § 17, prescrivait de rédiger sur papier rouge les bulletins relatifs aux décisions prononcées en vertu de l'art. 66 C. pén. Cette prescription avait pour but d'empêcher les greffiers de porter, par erreur, ces décisions sur les bulletins nº 2 délivrés aux particuliers ou aux administrations. Le décret du 12 décembre 1899 oblige le greffier, par son art. 14, à dresser tout bulletin nº 1 sur papier blanc, et la circulaire du 15 décembre 1899, § 14, explique ainsi cette modification réglementaire : « Dorénavant, un certain nombre d'autres décisions devant également, en vertu des art. 7 et 8 de la loi, cesser, dès l'origine ou après l'expiration d'un certain délai, de figurer au bulletin nº 3, il est inutile de maintenir une disposition spéciale qui n'a pas raison d'être ».

3º *Les dispositions disciplinaires prononcées par l'autorité judiciaire ou par l'autorité administrative, lorsqu'elles entraînent ou édictent des incapacités.* — Aucune difficulté ne nous paraît devoir se présenter quant aux décisions disciplinaires prononcées par l'autorité judiciaire. Ce sont celles qui frappent d'une peine correctionnelle ou simplement disciplinaire les officiers publics ou ministériels (V. pour les officiers ministériels les art. 102 et 103 du décret du 30 mars 1808 et la loi du 10 mars 1898 ; pour les notaires, l'art. 53 de la loi du 25 ventôse an XI ; pour les huissiers, l'art. 45 du décret du 14 juin 1813, etc.), lorsqu'elles entraînent une incapacité.

La circulaire du 15 décembre 1899, § 3, en conclut que « seuls doivent être mentionnés les jugements ou arrêts portant *destitution*, parce que la peine de la destitution est *la seule* qui, à proprement parler, puisse entraîner une incapacité (V. Cass., 25 novembre 1899) ».

Par contre et ainsi que le remarque cette circulaire, la destitution entraîne toujours une incapacité, la loi du 21 novembre 1872 (art. **2**, n° 7) sur le jury ayant complété sur ce point et d'avance la loi du **10 mars 1898** (art. **3**) ; l'incapacité d'être juré est absolument assimilable à la privation des droits de vote, d'électorat et d'éligibilité. Un bulletin n° **1** doit être dressé pour constater toutes ces déchéances.

Quant à la déchéance de la puissance paternelle, elle ne doit, dit la circulaire, « être mentionnée sur le bulletin n° **1** que lorsqu'elle est l'accessoire d'une condamnation criminelle ou correctionnelle. En dehors de ce cas, elle ne peut être considérée ni comme une condamnation, ni comme une mesure disciplinaire émanant de l'autorité judiciaire. Toute hésitation disparaît à cet égard, si on se reporte aux travaux préparatoires ».

Il est plus difficile de savoir si un arrêt de la Cour d'appel, confirmant une peine disciplinaire, prononcée par le conseil de l'ordre contre un avocat, tombe sous l'application du § **3**. L'affirmative ne nous paraît pas douteuse, lorsque la peine infligée est la radiation du tableau, parce qu'elle constitue alors une « incapacité », mais si la peine est un avertissement, une réprimande ou même une interdiction temporaire, elle ne rentre plus dans les termes de notre paragraphe, surtout en présence de l'interprétation donnée au terme « incapacité » par l'arrêt du **25 novembre 1899**.

Quant à la radiation prononcée, sans qu'il y ait appel, par le conseil de l'ordre, elle n'émane pas de « l'autorité judiciaire », ni de l' « autorité administrative », et ne peut, en conséquence, être inscrite au casier. Il en résulte une inégalité choquante et peu logique entre la décision acceptée par l'avocat frappé et celle dont il a interjeté appel. A notre avis, le mieux serait d'inscrire toute radiation au casier judiciaire. Le règlement d'administration publique n'a pas prévu ce cas.

Une autre difficulté soulevée par les termes de la loi et que le règlement d'administration publique n'a pas résolue, c'est de déterminer les décisions disciplinaires prononcées par une « autorité administrative ». M. Le Poittevin (*Tr. prat. des casiers judiciaires*, p. 16) estime que les tribunaux seuls pourront trancher cette difficulté, « en cas de contestation entre les intéressés ». Il eût été bien préférable de prévenir toute contestation en énumérant dans le décret — par catégories au moins — les décisions administratives qui doivent être inscrites au casier. Il est trois groupes de ces décisions pour lesquels M. Le Poittevin reconnaît que, dès maintenant, aucun doute n'existe et qui, par conséquent, eussent pu être énoncées dans le décret. Ce sont :

1o Les décisions portant privation, définitive ou temporaire, du port de la Légion d'honneur, de la médaille militaire ou des médailles commémoratives, telles que celles de Crimée, d'Italie, du Mexique, du Tonkin, de Madagascar, etc. (Cir. Chancellerie, 30 novembre 1872, § 10 ; 10 avril 1886, 15 décembre 1888, confirmées expressément ou implicitement par la circulaire du 15 décembre 1899, § 10.)

2° Les décisions disciplinaires entraînant ou édictant une incapacité contre un militaire ou un marin, à l'exclusion de celles qui n'ont pas ce caractère ou cet effet. (Circ. Chancellerie, 8 décembre 1868, § 11, confirmée par celle du 15 décembre 1899, § 10.)

3° Les décisions disciplinaires, portant ou entraînant incapacité, prises contre les membres du corps enseignant par le conseil supérieur, le conseil académique, le conseil départemental, le ministre ou le préfet. Ces décisions sont la suspension, avec ou sans retenue de traitement, le retrait d'emploi, la révocation et l'interdiction du droit d'enseigner.

Il nous semble que devrait être l'objet d'un bulletin

n° 1 toute mesure disciplinaire prise contre un magistrat ou fonctionnaire en conformité des lois et règlements, et emportant une incapacité quelconque.

4° ART. 1er, § 4. — Doivent être également inscrits au casier judiciaire « les jugements déclaratifs de faillite ou de liquidation judiciaire ». La circulaire du 6 novembre 1850, § 3 D, enjoignait déjà d'y inscrire les jugements déclaratifs de faillite, et la circulaire du 6 avril 1889, d'y mentionner les jugements déclarant ouvertes les liquidations judiciaires.

Un jugement de faillite ou de liquidation judiciaire doit-il être définitif pour qu'il y ait lieu de le porter au casier judiciaire ? Par lettre du 29 janvier 1879, adressée à M. le procureur général de Rouen, M. le garde des sceaux a décidé que le bulletin n° 1 ne serait dressé que pour constater un jugement devenu définitif faute d'opposition ou d'appel dans les délais fixés par les art. 580 et 582 C. comm. Ne serait-il pas utile de dresser des bulletins provisoires, comme on le fait par les jugements émanant des juridictions répressives et non signifiés à personne ?

5° ART. 1er, § 5. — « Les arrêtés d'expulsion pris contre les étrangers » figurent également au casier judiciaire et y figuraient déjà, en exécution des circulaires des 10 décembre 1857 et 4 décembre 1879, § 8. Le ministère de l'intérieur adresse, chaque mois, au ministère de la justice un état nominatif des étrangers expulsés du territoire français par décision ministérielle ou préfectorale, en vertu de l'art. 7 de la loi du 3 décembre 1849.

ART. 2. — 1° *Mentions que doit contenir le bulletin n° 1* Le bulletin n° 1 qui est rédigé sur papier blanc du format de la feuille de papier timbré à 0 fr. 60. (Circ. 6 novembre 1850, § 3-4° ; 30 août 1855 ; 28 novembre 1874, 15 novembre 1880, § 10 ; décr. 12 décembre 1899 et modèle n° 1 annexé) doit contenir les énonciations suivantes :

1° Le nom de famille du condamné, écrit en grosses lettres, bien formées, en tête du bulletin (Circ. 6 novembre 1850, § 3-5°).

2° Ses prénoms, surnoms et pseudonymes. (Circ. 23 mai 1853, § 11 ; 1er juillet 1856, § 24 ; 30 décembre 1873, § 7 ; 8 décembre 1876, § 18.)

3° Les noms et prénoms des pères et mère du condamné. (Circ. 30 août 1855, n° 3 ; 1er juillet 1856, § 18.)

4° La date et le lieu de sa naissance. (Circ. 1er juillet 1856.) S'il est né à Paris, l'arrondissement où il est né doit être désigné. (Circ. 19 décembre 1891, § 5 ; 28 décembre 1893, § 11).

5° Le lieu de son domicile ou de sa dernière résidence connue. (Circ. 1er juillet 1856, § 1.)

6° Sa profession. (Même circulaire.)

7° Son état de famille (célibataire, marié, veuf, divorcé, nombre d'enfants). (Circ. 1er juillet 1856, § 1 ; inscrit en marge des précédentes mentions (V. modèle n° 1, annexé au décret de 1899.)

Les signes particuliers remarqués sur sa personne sont inscrits au-dessous de cet état de famille (même modèle), depuis une circulaire du 28 novembre 1874, § 10.

8° Sa nationalité. (Décret de 1899 : modèle n° 1 annexé.)

9° La nature et le rang de la juridiction qui a prononcé la condamnation et la date de cette condamnation. (Circ. 6 novembre 1850, § 3-5°.) En cas de condamnation sur appel, le tribunal qui a statué en première instance et la date de son jugement doivent, en outre, être désignés. (Circ. 8 décembre 1868, § 14.)

10° Le caractère du jugement : *a) contradictoire ou par défaut* (Circ. 15 novembre 1880, § 10 ; modèle n° 1 annexé au décret de 1899), avec indication, en cas de défaut, du jour de la signification (circ. 30 décembre 1873, § 10 ; 8 décembre 1875, § 15), et de la nature de cette signification (à personne, à domicile, au maire ou au parquet (circ. 1er juillet 1856, B, § 12) ; — *b) définitif ou susceptible d'opposition* (Circ. 1er juillet 1856, *loc. cit.*) Au point de vue du bulletin n° 1, un jugement doit être considéré comme définitif après l'expiration du délai d'appel de dix jours francs, quoique le procureur général ait un délai de deux ou d'un mois, suivant la distinction établie par l'art. 205 C. instr. crim. Seul ne doit pas être qualifié de définitif le jugement par défaut qui n'a pas été signifié à personne ou à domicile ou dont le condamné n'est point, en raison d'un acte d'exécution, présumé connaître l'existence. (C. instr. crim., art. 187.)

11° La nature et la durée de la peine corporelle, la quotité de l'amende. (Circ. 6 novembre 1850, § 3-5°), avec indication de l'interdiction de séjour, si elle a été prononcée. (Circ. 21 février et 26 mars 1874 et décembre 1876, § 15.)

12° La nature de l'infraction. (Circ. 6 novembre 1850, § 3-5°.)

13° La date précise (jour, mois, année) de l'infraction. (Circ. 8 janvier 1890.)

14° Les articles de loi en vertu desquels la condamnation a été prononcée. (Circ.. 6 novembre 1850, § 3-5°).

15° La date de la transcription du mandat de dépôt ou d'arrêt ou de l'ordonnance de prise de corps et la mention du refus, fait par le tribunal, d'imputer la détention préventive sur la peine prononcée. (Circ. 18 août 1894).

16° La mention de la suspension de la peine accordée en vertu de la loi du 26 mars 1891, dite la loi Bérenger. (V. art. 4 de cette loi et L. 5 août 1899, art. 2).

Si aucune condamnation à l'emprisonnement ou à une peine plus forte, pour crime ou délit de droit commun,

n'intervient avant l'expiration du délai de cinq ans
imparti par cette loi, la condamnation conditionnelle ne
doit plus être portée sur les extraits du casier judiciaire
délivrés aux parties, aujourd'hui bulletins n° 3, (L. 26
mars 1891, art. 4, et L. 5 août 1899, art. 7, § 2). Par
contre, cette condamnation avec sursis continue à figurer sur les bulletins n° 2, qui ne sont plus délivrés
qu'aux parquets, aux juges d'instructions, au préfet de
police, aux présidents des tribunaux de commerce et,
en certains cas, aux autorités militaires ou maritimes
et aux administrations publiques. (L. 5 août 1899, art. 4,
et loi du 11 juillet 1900, art. 1er).

17° La date à laquelle le bulletin n° 1 est dressé et la
signature du greffier ou commis greffier qui l'a dressé.
(Circ. 30 août 1855, n° 2, et 1er juillet 1856, § 26).

18° En marge et à la suite des énonciations ci-dessus,
le bulletin n° 1 doit mentionner :

a) Les arrêtés de mise en libération conditionnelle
et de révocation. (Circ., 28 juin 1888 et L. 5 août 1899,
art. 2.)

b) La grâce, commutation ou réduction de peine accordée au condamné. (Circ., 28 avril 1875, L. 5 août 1899,
art. 2 précité.)

c) La réhabilitation (circ. 5 décembre 1885, art. 2, et
L. 5 août 1899, art. 7, § 2), qui, en vertu de la loi du
14 août 1885, est prononcée par un arrêt de la chambre
des appels correctionnels. La date de cet arrêt doit être
indiquée exactement. (Circ. 5 décembre 1885).

La réhabilitation de plein droit, instituée par la loi
du 5 août 1899 (art. 10), doit-elle être inscrite au casier
judiciaire ou a-t-elle pour effet de supprimer tout bulletin de ce casier ? La loi nouvelle ne répond pas à cette
question, mais, alors qu'il a toujours été prescrit par les
instructions ministérielles (V. notamment circ. précitée
du 5 décembre 1885) de conserver les bulletins n° 1 des

réhabilités, en y mentionnant l'arrêt de réhabilitation, il n'existe aucun motif de ne pas procéder de même à l'occasion des réhabilitations *ipso jure*, qui résulteront, d'après l'art. 10 de la loi nouvelle, de l'expiration d'un délai de dix, quinze ou vingt ans, suivant la gravité des peines prononcées.

d) Le jugement relevant un condamné de la peine accessoire de la relégation. (L. 5 août 1899, art. 2.)

e) La décision rapportant un arrêté d'expulsion (Même article.)

f) La date de l'expiration de la peine corporelle et celle soit du payement de l'amende, soit de l'exécution de la contrainte par corps. (L. 5 août 99, art 2, § 1, et modèle n° 1, annexé au décret du 12 décembre 1899.)

19° Le bulletin n° 1 doit porter l'empreinte du timbre de la juridiction qui a prononcé la condamnation. (Circ. 1ᵉʳ décembre 1862, 8 décembre 1868, § 19 ; 15 novembre 1880, § 10).

20° Il doit mentionner, en haut et à gauche, la juridiction qui a condamné, et en tête du bulletin, celle à laquelle le bulletin doit être envoyé. (Circ. 23 mai 1853, § 17, V. modèle n° 1 annexé au décret de 1899.)

21° Dans l'angle de gauche et en chiffres de 1 centimètre de hauteur, l'année de la naissance du condamné. (Circ. 8 décembre 1868, § 20 ; 8 décembre 1875, § 17 ; modèle n° 1, annexé au décret de 1899.)

Cette mention permet au greffier d'éliminer aisément les bulletins concernant les condamnés âgés de plus de 80 ans.

22° Au-dessous de l'année de la naissance, la date du mandat de dépôt ou d'arrêt et non celle de leur transcription. (Modèle n° 1, annexé au décret de 1899.)

23° Dans l'angle de droite, la récidive, qui doit être indiquée par le mot *récidive*, écrit très distinctement (Décr. 12 décembre 1899, art. 3 ; modèle n° 1, annexé au décret et circ. 15 décembre 1899, n° 11, modifiant les circ. 1ᵉʳ juillet 1856, B. § 13, 1ᵉʳ décembre 1862.) Les circulaires prescrivaient l'inscription du mot « récidiviste », qui pouvait faire présumer que le condamné était un récidiviste, au sens du Code pénal ou même aux termes de la loi sur la relégation).

Cette indication révèle à première vue l'existence d'une condamnation antérieure.

Elle doit être faite non seulement en cas de récidive spéciale, mais en cas de récidive générale, même alors que la décision judiciaire antérieure serait une simple remise d'un mineur de 16 ans à ses parents en vertu de l'art. 66 du C. pén. (circ. 8 décembre 1868, § 17 ; 30 novembre 1878, § 2) ; ou encore que la condamnation antérieure aurait été prononcée à l'étranger. (Circ. 1ᵉʳ juillet 1856, § 13 ; 4 décembre 1879, § 7.)

Elle ne doit cependant être inscrite qu'en connaissance de cause, et si la récidive ne résulte que de la déclaration du prévenu, il convient de le mentionner sur le bulletin. (Circ. 30 décembre 1873, § 8.)

24° Au verso du bulletin toute condamnation prononcée à l'étranger et dont l'existence a été révélée par les aveux du condamné ou toute autre voie d'information. (Circ. 1ᵉʳ juillet 1856, B. § 13 ; 4 décembre 1879, § 7.)

2° *Retrait des bulletins n° 1*. — Ce retrait est prescrit par le deuxième alinéa de l'art. 2 :

a) En cas d'amnistie.

b) De rectification de casier judiciaire.

a) *Amnistie*. — Bien que la réhabilitation « efface la condamnation » (C. d'instr. crim., art. 634), elle en laisse une trace que ce même art. 634 ne peut méconnaître, puisqu'il allonge les délais nécessaires à la réhabilitation, lorsqu'il y a déjà eu réhabilitation du même condamné. Il est donc nécessaire de conserver au casier judiciaire les bulletins des condamnations « effacées » par la réhabilitation. Aussi l'art. 2 de la loi du 5 août 1899 n'ordonne-t-il pas de retirer ces bulletins du casier, mais seulement d'y mentionner l'arrêt de réhabilitation.

Au contraire, l'amnistie (αμνεστια) est un « oubli » complet des injures faites au corps social ou aux individus. Jamais les condamnations amnistiées ne peuvent plus entrer en compte dans une procédure judiciaire. C'est donc à bon droit que notre article, dans son deuxième alinéa, les déclare « effacées » et en prescrit le retrait du casier judiciaire. Ce retrait s'effectue ainsi : le parquet de l'arrondissement où est né le condamné amnistié reçoit, par voie hiérarchique, une *fiche individuelle* constatant l'amnistie et fait retirer immédiatement du casier judiciaire par le greffier du tribunal les bulletins des condamnations amnistiées, bulletins qui sont classés dans les archives du greffe. (Circ. 25 novembre 1871 et 20 juillet 1878.) Les fiches dont s'agit sont dressées dans la même forme que les bulletins nº 1, mais elles doivent porter en tête les mots : *Rédigé par application de la loi d'amnistie du...*

b) *Rectification du casier judiciaire.* — Nous savons que l'art. 14 de la loi du 5 août 1899, modifié par l'art. 2 de la loi du 11 juillet 1900, institue et réglemente une procédure en rectification du casier judiciaire. C'est donc sous l'art. 14 que nous étudierons cette procédure, en suite de laquelle le bulletin nº 1 de la condamnation déclarée inexistante ou inapplicable au condamné est retiré du casier judiciaire.

ART. 3. — *Casier judiciaire central.* — L'art. 3 n'est que la mise en forme de loi de l'institution du casier central qu'avaient fondée et que régissent encore les circulaires des 30 août 1855, § 1ᵉʳ, et 10 décembre 1839, § 10. Ce casier comprend les bulletins nº 1 attestant la condamnation : 1º des individus nés à l'étranger. Les bulletins concernant des étrangers naturalisés Français sont classés au greffe du lieu où les lettres de naturalisation ont été enregistrées ; 2° des personnes originaires des colonies ; 3° de celles dont l'acte de naissance n'est pas retrouvé ou n'est pas exigé (ce qui est le cas des soldats de la légion étrangère. Décision du 21 septembre 1859, prise par le maréchal commandant la 1re division militaire.)

Tous ces bulletins sont reçus au ministère de la justice par le bureau de la statistique judiciaire (*Direction des affaires criminelles*). Ils sont classés par les soins d'un sous-chef, sous la surveillance du chef de bureau de la statistique. Le décret du 12 décembre 1899 a maintenu, par son art. 2, cette organisation.

L'art. 1er de la loi du 11 juillet 1900 a, par contre, décidé que les « bulletins n° 1 concernant les musulmans du Maroc, du Soudan ou de la Tripolitaine sont centralisés au greffe de la Cour d'Alger ».

Art. 4. — *Bulletins n° 2. — Alin. 1er de cet article : Enonciations qu'ils contiennent.* — Pour prévenir toute confusion entre les bulletins n° 2 et les bulletins n° 3, le modèle de bulletin n° 2 annexé au décret du 12 décembre 1899 décide que ce bulletin sera rédigé sur papier *bulle* (le bulletin n° 3, devant être dressé sur papier *gris bleu*).

L'art. 4 de la loi du 5 août 1899 reproduit textuellement la définition donnée de ces bulletins par la circulaire du 30 août 1855, 5° : « Le relevé intégral des bulletins n° 1 applicables à la même personne est porté sur un bulletin spécial appelé n° 2 ».

Ce bulletin, étant un « relevé intégral » des bulletins n° 1, doit contenir : 1° toutes les énonciations que renferme chaque bulletin et qui sont les mêmes sur tous les bulletins concernant la même personne ; 2° toutes les condamnations attestées par les bulletins n° 1, avec tous les renseignements fournis par ces bulletins. Seuls les textes, appliqués par le jugement, ne sont pas indiqués sur le bulletin n° 2. Cependant la circulaire du 4 décembre 1886, § 7, exige qu'il fasse connaître, en cas de condamnation pour vagabondage, si cette condamnation a été prononcée en vertu des art. 277 et 279 du C. pén. Cette exigence a pour motif l'application de la loi du 27 mai 1885 (art. 4, §§ 2, 3) sur les récidivistes.

Pour toute condamnation par défaut le bulletin doit indiquer si la peine a été ou non subie. (Circ. 8 décembre 1875, § 15, 4 juin 1888.)

Une autre conséquence de l'obligation de reproduire intégralement, sur le bulletin n° 2, les bulletins n° 1 classés au casier judiciaire, serait la nécessité de faire figurer sur le bulletin n° 2 les condamnations effacées par la réhabilitation et les acquittements prononcés pour défaut de discernement, en vertu de l'art. 66 du C. pén. Les circulaires avaient admis cette nécessité. (V. notamment circ. 25 novembre 1871, 6 décembre 1876, 4 décembre 1879, § 11 ; 5 décembre 1885 ; 28 décembre 1893, § 9.) *Mais la loi du 11 juillet 1900 (art. 1ᵉʳ) n'a maintenu la mention des acquittements prononcés en vertu de l'art. 66 C. P. que sur les bulletins n° 2 « délivrés aux magistrats et au préfet de police ».* Elle a exclu cette mention de tout autre bulletin.

La circulaire du 28 décembre 1893, § 8, enjoignait également de porter sur les bulletins n° 2 les conditions prononcées à l'étranger. L'art. 7, § 3, de la loi du 5 août 1899 interdit de mentionner sur les bulletins n° 3 celles de ces condamnations étrangères que motivent « des faits non prévus par les lois pénales françaises ». M. Le Poittevin (*op. cit.*, p. 39) en conclut qu'elles doivent, *à contrario*, être inscrites sur les bulletins n° 2. Nous ne partageons pas cet avis : la loi française ne peut reconnaître l'existence d'infractions étrangères qu'elle ne prévoit pas elle-même ; à ses yeux, les faits non réprimés par elle ne sauraient être infractionnels.

Les condamnations conditionnelles sont inscrites au bulletin n° 2 après comme avant l'expiration du délai de cinq ans, alors même qu'aucune condamnation à l'emprisonnement n'est survenue pendant ce délai. (L. 27 mars 1891, art. 4.)

Alin. 2 et 3 : Personnes et administrations auxquelles les bulletins n° 2 peuvent être délivrés. — Ont seuls le droit de se faire délivrer un bulletin n° 2 : 1° les *magistrats du parquet et de l'instruction*. Les magistrats du siège, qui ne remplissent pas les fonctions de juges d'instruction, ne semblent donc pouvoir demander un relevé intégral des condamnations; mais la loi entend statuer de *eo quod plerumque fit* : si elle ne désigne que les magistrats du parquet et de l'instruction, c'est parce qu'ils sont journellement appelés par leur service à recourir au casier judiciaire, mais les présidents de cours d'assises ont certainement le droit de connaître tous les antécédents des accusés ; les présidents de tribunaux civils, lorsqu'ils président la commission d'arrondissement chargée d'arrêter la liste définitive du jury, sont dans la nécessité de rechercher si les personnes proposées comme jurés par les commissions cantonales jouissent de leurs droits civils, civiques et politiques ; les présidents des tribunaux de commerce ont l'obligation de scruter le passé des commerçants qui déposent leur bilan et peuvent n'avoir pas droit au bénéfice de la liquidation judiciaire. (V. sur ces divers points : circ. 1er décembre 1861, 2 décembre 1882, § 13 ; 31 décembre 1892, § 2.)

Aussi la loi du 11 juillet 1900 a-t-elle pris soin d'ajouter aux magistrats du parquet et de l'instruction les préfets de police et les présidents des tribunaux de commerce, mais à l'égard de ces derniers elle ne leur donne droit au bulletin nᵒ 2 que pour les « procédures de faillite et de législation judiciaire », les seules procédures commerciales, d'ailleurs, auxquelles il soit nécessaire de joindre un bulletin complet.

Il est également incontestable que les commissaires du gouvernement et les rapporteurs près des conseils de guerre et les tribunaux maritimes peuvent obtenir un bulletin nᵒ 2, toutes les fois qu'ils le demandent.

Enfin la loi du 11 juillet 1900 (art. 1ᵉʳ) a rétabli au profit des sociétés de patronage la faculté que leur accordaient les circulaires (antérieures à celle du 15 décembre 1899) de se faire délivrer des bulletins nᵒ 2 « pour les personnes assistées par elles ». C'est là une dispositions des plus utiles, qui favorisera l'œuvre de ces intéressantes sociétés.

2ᵒ *Les autorités militaires et maritimes.* — Le deuxième alinéa de l'art. 4 accorde la même faculté à l'autorité militaire « pour les appelés des classes. (V. L. 15 juillet 1889, art. 4 et 5, quant aux antécédents judiciaires des jeunes soldats) ; à l'autorité maritime pour les appelés de l'inscription maritime, et aux autorités militaire et maritime pour les jeunes gens qui demandent à contracter un engagement ». Aucune modification n'est apportée aux prescriptions de la circulaire du 17 avril 1885, que consacrent implicitement l'art. 12 du décret de 1899 et expressément la circulaire du 15 décembre 1827.

3ᵒ *Les juges de paix* (loi du 11 juillet 1899, art. 1ᵉʳ) mais seulement « pour le jugement d'une contestation en matière d'inscription sur les listes électorales ».

4ᵒ *Les administrations publiques.* — Le quatrième alinéa de l'art. 17 de la loi du 11 juillet 1900 l'accorde aux « administrations publiques de l'Etat, saisies de demandes d'emplois publics, de provisions relatives à des distinctions honorifiques ou de soumission pour des adjudications de travaux ou de marchés publics ou en vue de poursuites disciplinaires ou de l'ouverture d'une école privée, conformément à la loi du 30 octobre 1886 ». Parmi les demandes d'emplois permettant aux administrations publiques de se faire délivrer un bulletin n° 2, les circulaires antérieures à la loi prévoyaient même des demandes en vue d'emplois d'ouvriers ou manœuvres (travaillant dans les établissements militaires ou maritimes : circ. du 28 avril 1875 et 1er août 1887) et de domestiques de lycées : (circ. 20 février 1878). Le terme général d' « emploi », dont use l'art. 4 de la loi du 5 août 1899, s'applique évidemment à toutes les catégories prévues par ces circulaires, ainsi qu'à tous les emplois d'agents de la force publique, même d'agents de police, quoique ces derniers ne soient pas officiers de police judiciaire. « Les uns et les autres, observe la circulaire du 15 décembre 1899, § 31, prêtant un concours permanent à la justice pour la recherche et la constatation des troubles, des délits et des contraventions, doivent présenter des garanties particulières d'honorabilité. Aussi n'est-il pas douteux que les candidats à ces emplois publics soient de ceux au sujets desquels les administrations publiques de l'Etat ont le droit et le devoir de se renseigner autrement que par l'examen d'un simple bulletin n° 3. Le bulletin n° 2 devra donc être délivré aux préfets et sous-préfets lorsqu'ils seront appelés à statuer sur des demandes d'emploi de cette nature. »

Il n'est moins évident que les administrations de l'Etat ont intérêt à connaître les antécédents judiciaires des cadidats aux distinctions honorifiques, des soumissionnaires de travaux ou marchés publics et des instituteurs tenant des écoles privées.

L'art. 4 a omis d'accorder à l'administration des contributions indirectes le droit d'obtenir un bulletin n° 2 concernant l'inculpé par elle poursuivi. Et cependant une circulaire du garde des sceaux. en date du 28 décembre 1893, § 6, avait reconnu l'utilité de ce droit, en présence de l'admission par la loi de finances de la même année des circonstances atténuantes en faveur des contrevenants poursuivis par la Régie. En effet, il importe aux tribunaux, pour savoir s'il y a lieu d'accorder le bénéfice de ces circonstances, de connaître les antécédents de l'inculpé. Il est vrai qu'en pratique l'administration des contributions indirectes laisse au ministère public, partie jointe à son action principale, le soin de produire un bulletin n° 2.

Il en est de même à l'égard de l'administration des douanes et de l'administration des eaux et forêts. L'omission de l'art. 4 n'a donc pas d'importance pratique, mais il serait désirable que les administrations ayant le droit de poursuite fussent obligées de donner, avant l'audience, au parquet les renseignements d'état civil nécessaires à la vérification du casier.

Comment les administrations publiques forment les demandes de bulletins n° 2. — Toutes les administrations publiques doivent demander les bulletins n° 2 au procureur de la République près le tribunal de l'arrondissement natal. Il n'y a d'exception que pour les inculpés nés aux colonies ou à l'étranger : les bulletins les concernant sont demandés au ministère de la justice (*casier central*) ou, pour les musulmans du Maroc, du Soudan et de la Tripolitaine, au parquet d'Alger (loi du 11 juillet 1900).

Pour faciliter la vérification des antécédants des jeunes soldats, une circulaire du ministère de la guerre en date du 22 avril avait prescrit aux commandants de recrutement d'envoyer le 1er juillet de chaque année aux parquets des arrondissements dans lesquels sont nés les militaires de la classe un état, distinct pour chaque arrondissement, portant les noms, prénoms, date et lieu de naissance des jeunes soldats et des ajournés.

Une circulaire du Garde des sceaux, en date du 4 juillet 1898, enjoignait aux parquets de faire délivrer par les greffes autant de bulletins n° 2 qu'il y avait de jeunes soldats ou ajournés condamnés, quelle que fut la condamnation. En regard du nom de ceux qui n'avaient pas été condamnés, le greffier portait la mention *néant*.

Ces prescriptions ne sont pas infirmées par la loi nouvelle, mais la circulaire du 15 décembre 1899 décide qu'elles sont annulées, « à la suite d'une entente intervenue entre le département de la guerre et la chancellerie. » (§ 28).

Art. 4, *alinéa 6 de la loi du 11 juillet 1900 : les bulletins n° 2 demandés pour l'exercice des droits politiques.* — Les bulletins n° 2 demandés par les administrations publiques en vue de la formation ou de la revision des listes électorales et, en général, pour l'exercice des droits politiques, ne doivent porter que les décisions entraînant des incapacités prévues par les lois relatives à l'exercice de ces droits.

De la restriction des énonciations à faire pour les bulletins n° 2. — Cette disposition a été adoptée, ainsi que nous l'avons vu, après le rejet d'autres dispositions analogues proposées par le Conseil d'Etat, puis par la commission du Sénat, et restreignant les mentions à faire sur les bulletins n° 2 à celles dont l'administration demanderesse était présumée avoir besoin. « Lorsqu'il s'agit de l'autorité administrative, disait le rapport de M. Jules Godin, sénateur, on restreint les mentions à celle des condamnations dont il lui est utile d'avoir connaissance ; ainsi l'autorité militaire n'a besoin de connaître que les décisions entraînant des incapacités militaires, ou influant sur la situation militaire du condamné, et on ne portera sur le bulletin n° 2 que les condamnations de cette nature. » « En outre, disait le rapport (p. 104) de M. Jacquin, conseiller d'Etat, sur les bulletins fournis à ces administrations, à la différence de ceux délivrés au ministère public, ne figureront ni les décisions rendues en vertu de l'art. 66 du C. pén., ni les condamnations suivies de réhabilitation ; les premières sont des décisions d'acquittement, les autres sont effacées, aux termes de la loi de 1885. Ni les unes ni les autres ne doivent être considérées au point de vue d'emplois à remplir ; il n'y a aucune raison de les faire connaître. » En conséquence le projet primitif, amendé par la commission du Sénat, libellait ainsi le quatrième alinéa de l'art. 4 : « Les bulletins n° 2 réclamés par les administrations publiques de l'Etat, *soit pour engagement militaire ou maritime*, soit pour l'exercice des droits politiques, ne comprennent que les décisions entraînant des incapacités prévues par les lois *militaires, maritimes* ou politiques. » M. Jules Godin, rapporteur de la loi au Sénat, dans son discours du 7 mars 1898 (*Journ. off.* du 8), fit connaître à la haute assemblée que pour l'art. 4, la commission s'était trouvé en présence d'observations du ministre de la guerre et du ministre de la marine. Ils ont constaté, disait-il, que le texte tel qu'il leur avait été présenté modifiait la situation faite actuellement à leur administration en ce qui concerne les soldats de la classe et les engagements. Pour les uns et les autres les ministres de la guerre et de la marine ont fait remarquer avec instance qu'il leur était indispensable d'avoir non pas le bulletin n° 3 produit par l'engagé ou par celui qui tombe sous l'application de la loi du recrutement, mais bien le bulletin n° 2. D'accord avec M. le président de la commission, nous avons apporté à l'art 4 une modification qui donnera satisfaction à la réclamation. » Sur ces observations du rapporteur, le Sénat vota, sans discussion, le nouveau texte de l'art. 4, texte qui est devenu celui de la loi. Il est donc certain que le bulletin n° 2 est pour les administrations de la guerre et de la marine, ainsi que pour toutes les autres administrations publiques, « le relevé intégral des bulletins n° 1 applicables à la même personne, » ainsi que le prescrit l'alinéa 1er de l'art. 4, et que les seules exceptions concernent les bulletins n° 2 délivrés pour l'exercice des droits politiques, et les acquittements prononcés en vertu de l'article 66 du Code pénal (cette deuxième exception apportée à la règle par la loi du 11 juillet 1900).

Cinquième alinéa : Mentions à faire en l'absence de condamnation. — Le cinquième alinéa ordonne d'inscrire sur le bulletin n° 2 le mot *néant* lorsque le casier judiciaire ne contient aucun bulletin n° 1. La circulaire de 1850 contenait la même prescription.

Force probante des bulletins n° 2. — Depuis l'institution du casier judiciaire, la jurisprudence admettait que les bulletins n° 2 font preuve des condamnations qu'ils portent *si ces condamnations ne sont pas contestées par le prévenu.* V. Cass., 1er décembre, 1859, *Bull. cass. crim.*, n° 429.— 4 février 1860, S. 61. 1. 395, D. P. 61. 1. 93.— 19 septembre 1872, *Bull. cass. crim.*, n° 415. — 6 mars 1874, S. 74. 1. 449, D. P. 74. 1. 277. — 10 avril 1880, S. 81. 1. 91, D. P. 80. 1. 435) ; mais elle n'accordait pas à ces bulletins une complète valeur probatoire, c'est-à-dire qu'elle ne les considérait pas comme faisant foi jusqu'à preuve contraire, mais seulement comme produisant en justice des renseignements sérieux, ne dispensant point de la preuve testimoniale. (V. Cass., 21 septembre 1882, S. 82. 1. 170, D. P. 82. 1. 488. — 5 mai 1887, S. 88. 1. 348.) Une note du parquet de la Seine en date du 6 février 1900 (citée au *Journal des Parquets*, 1900, I, p. 78), a dispensé de joindre aux dossiers de relégables les extraits de condamnations les constituant en état de récidive et a décidé que le bulletin n° 2 suppléait à ces extraits, la loi du 5 août 1899 ayant donné « un caractère légal au casier judiciaire. » Un arrêt de la Cour de Paris, en date du 18 mai 1900 (*Journal des Parquets*, 1900, II, 49), a confirmé l'avis du Parquet de la Seine, en décidant qu' « aujourd'hui le casier étant une institution judiciaire formellement reconnue et sanctionnée par la loi, le bulletin n° 2 suffit à lui seul pour faire la preuve complète de l'existence des condamnations, éléments de la rélégation. » Cette jurisprudence est contraître à l'opinion qu'exprimait en ces termes le rapporteur au Conseil d'Etat, M. Jacquin (p. 103 de son rapport) : « Aujourd'hui qu'elle (l'institution du casier judiciaire) va procéder de la loi, on pourrait penser qu'elle revêtira un autre caractère ; *mais, comme des erreurs sont toujours possibles, il importe de ne point lui donner force probante ;* les mots *à titre de renseignements* ont paru devoir être ajoutés au § 2. » Ces mots furent omis dans la copie du projet primitif et l'on ne songea pas à les rétablir ultérieurement ; ils n'en paraissent pas moins l'expression véritable de l'intention des rédacteurs de la loi, d'autant qu'ils ont expressément institué, dans l'art. 14, une procédure en rectification du casier judiciaire, institution prouvant bien qu'ils prévoyaient les inévitables erreurs dont ce casier et ses extraits seraient entachés. Mais une circulaire du 10 août 1900, a estimé que « depuis que la loi du 5 août 1899, modifiée par celle du 11 juillet 1900, a organisé le casier judiciaire, les bulletins, certifiés par les greffiers et visés par les parquets, offrent les mêmes garanties d'exactitude que les extraits de jugements ou d'arrêts et suffisent à faire la preuve des mentions qu'ils contiennent ». Cette circulaire de la Chancellerie reconnaît donc aux bulletins n° 2 du casier judiciaire la force probante que leur déniait la jurisprudence antérieure à l'arrêt du 18 mai 1900. Elle se fonde, au surplus, sur cet arrêt et apporte à sa *décision* une sage restriction, formulée en ces termes : « Il va sans dire d'ailleurs, que comme l'arrêt l'indique lui-même, le bulletin n° 2 ne fait foi qu'*autant que les mentions en sont reconnues par l'inculpé* ».

ART. 5. — *Duplicata des bulletins n° 1.* — L'art. 5, prescrivant la rédaction en double de certains bulletins n° 1, eût été mieux à sa place après l'article 3.

L'art. 5, premier alinéa, ordonne cette rédaction « en cas de condamnation, faillite, liquidation judiciaire ou destitution d'un officier ministériel, prononcée contre un individu soumis à l'obligation du service militaire ou maritime ». Le duplicata est envoyé aux autorités militaires ou maritimes. (Circ. 15 décembre 1899, § 20.)

Le deuxième alinéa l'ordonne pour toute « décision entraînant la privation des droits électoraux ». Le duplicata est alors adressé à l'autorité administrative *du domicile* de la personne privée de l'exercice des droits politiques, et non plus au sous-préfet de l'arrondissement natal, comme le décidaient les circulaires des 18 décembre 1874, 27 août et 8 décembre 1875.

Cette modification apportée aux dispositions des circulaires avait pour but de simplifier le fonctionnement du « casier administratif ». La loi du 11 juillet 1900 montre la portée pratique de cette simplification en chargeant, dans un troisième alinéa qu'elle ajoute à l'article 5, l'autorité administrative du domicile de prendre « des mesures nécessaires en vue de la rectification de la liste électorale ». Cette autorité renvoie ensuite, le duplicata à la préfecture ou sous-préfecture de l'arrondissement d'origine « si le condamné est né en France ».

Un duplicata doit, évidemment, être dressé, en outre : de toute condamnation prononcée contre un individu né dans une colonie française et de toute condamnation infligée à un étranger, non naturalisé, originaire d'un pays avec lequel a été conclu un traité ou une convention prescrivant l'échange des bulletins de condamnation.

Dans ces deux cas, le bulletin n° 1 est classé au casier central et le duplicata est envoyé au pays d'origine. (V. circ. 18 décembre 1874, 14 août 1876, 15 mai 1877.)

Quant aux pays étrangers avec lesquels existe une clause de réciprocité, ils sont énumérés par les circulaires des 20 décembre 1880 et 28 décembre 1883, § 7. Ce sont l'Alsace-Lorraine (en vertu d'un traité passé avec l'Allemagne), l'Autriche, la Bavière, le grand-duché de Bade, le grand-duché de Luxembourg, la Belgique, la Suisse, l'Italie le Portugal et le Pérou. Les duplicata destinés à ces pays doivent être, comme les autres copies de bulletins n° 1, dressés par le greffier du tribunal qui a prononcé la condamnation et transmis, chaque quinzaine, par le parquet de ce tribunal au ministère de la justice (*casier central*), après avoir été classés par pays et désignés quant au nombre et à la destination, sur la lettre d'envoi. (Circ. 5 mai 1877, §§ 4 et 6, et 3 décembre 1877, § 19.)

Tous les duplicata sont rédigés sur du papier de même format que les bulletins n° 1 et doivent être la copie textuelle de ces bulletins. Ils sont visés par le procureur de la République et transmis directement par lui à l'autorité à laquelle il sont destinés, sans être soumis au visa du procureur général. (Circ. des 5 mai et 3 décembre 1877, et 15 décembre 1889, § 19.)

II

Deuxième partie. Institution et réglementation du bulletin
N° 3.

(Art. 6 et 7 de la loi du 5 août 1899)

§ 1er. — Art. 6. — *Institution du bulletin n° 3.* — Cette
institution du bulletin n° 3 constitue, avec la réhabilitation
de plein droit, la principale réforme de la loi du 5 août
1899. Nous avons vu, au début de cette étude, ce qu'est
essentiellement le bulletin n° 3, sur lequel ne sont
inscrites que les condamnations les plus graves et les
plus récentes. Il nous reste à examiner en détail le système adopté par le législateur.

Avant d'aborder cet examen, au sujet de l'art. 7, qui
énumère les jugements exclus du bulletin n° 3, nous
devons remarquer que l'art. 6 interdit de délivrer le
bulletin n° 3 à un tiers. Cette interdiction avait été déjà
édictée par les circulaires des 4 décembre 1884 et 8 janvier 1890, à l'égard des bulletins n° 2.

Il est évident que ces circulaires ne sont plus applicables à cet égard, puisque les bulletins n° 2 ne sont
plus délivrés qu'aux magistrats de l'ordre judiciaire et
en certains cas déterminés, aux administrations de l'Etat.
Désormais, un particulier n'a droit qu'à un bulletin n° 3
et seulement à *son* bulletin n° 3.

Lorsqu'un époux veut divorcer, en fondant sa demande
soit sur la condamnation de son conjoint à une peine
afflictive ou infamante, soit sur une condamnation correctionnelle pour adultère ou pour coups portés au demandeur, le parquet doit lui faire connaître la date et le lieu
de la décision judiciaire invoquée, sans lui délivrer de

bulletin n° 3. Cette simple indication permet au demandeur d'obtenir un extrait de l'arrêt ou jugement de condamnation, sans avoir la preuve de toute autre condamnation encourue par son conjoint. Si la condamnation invoquée n'existe point, le parquet en informe le demandeur par l'intermédiaire d'un officier de police judiciaire, mais sans lui faire parvenir de bulletin. (Circ. 4 décembre 1884, § 7.)

§ 2. — Art. 7. — *Réglementation. Jugements qui ne doivent pas être inscrits au bulletin n° 3.* — L'art. 7 exclut du bulletin n° 3, sans exception aucune, sept catégories de décisions judiciaires.

1° Les décisions prononcées par application de l'art. 66 C. pén. Ce sont les arrêts et jugements acquittant un mineur comme ayant agi sans discernement et le remettant à ses parents ou l'envoyant dans une maison de correction.

2° Les condamnations effacées par la réhabilitation. Il y a lieu de rapprocher de ce paragraphe l'art. 10 de la loi qui ajoute à la réhabilitation judiciaire permise et réglée par les art. 619 et suiv. C. instr. crim., la réhabilitation de plein droit : les condamnations effacées par cette dernière ne figurent pas plus au bulletin n° 3 que celles supprimées par un arrêt de la Cour d'appel.

Le même paragraphe assimile aux condamnations ainsi effacées, celles dont l'effet est annulé par l'application de l'art. 4 de la loi du 26 mars 1891, dite loi Bérenger, sur l'atténuation et l'aggravation des peines. Cet article est ainsi conçu : « La condamnation est inscrite au casier judiciaire, mais avec la mention expresse de la suspension accordée. Si aucune poursuite suivie de condamnation dans les termes de l'art. 1er, § 2, n'est intervenue dans le délai de cinq ans, elle ne doit plus être inscrite dans les extraits délivrés aux parties ».

3° Les condamnations prononcées en pays étrangers

pour des faits non prévus par les lois pénales françaises.
Par conséquent, les condamnations prononcées par des
tribunaux étrangers pour des faits réprimés par nos lois
pénales doivent être inscrites au bulletin n° 3 comme
au bulletin n° 2. En cas de doute sur l'assimilation des
délits étrangers aux délits français, la chancellerie devra
être consultée « si la question offre quelque importance », et « provoquera, le cas échéant, par la voie diplomatique, l'envoi de renseignements complémentaires ».
(Circ. du 15 décembre 1899, § 36.)

4° Les condamnations pour délits prévus par les lois
sur la presse, à l'exception de celles qui ont été prononcées pour diffamation (L. 29 juillet 1881, art. 30, 32 et
34) ou pour outrages aux bonnes mœurs (art. 28 de cette
loi et L. 2 août 1882, art. 1er, modifié par la loi du 16
mars 1898) ou en vertu des art. 23, 24 et 25 de la loi
du 29 juillet 1881. Ces articles prévoient et répriment :
les art. 23 et 24, § 1er, « la provocation à des crimes ou
délits, « l'art. 24, § 2, les « cris ou chants séditieux pro-
férés dans les lieux ou réunions publics », l'art. 25, « la
provocation, par l'un des moyens énoncés en l'art. 23,
adressée à des militaires des armées de terre ou de mer
dans le but de les détourner de leurs devoirs militaires
et de l'obéissance qu'ils doivent à leurs chefs».

5° « Une première condamnation à un emprisonnement
de trois mois ou de moins de trois mois prononcée par
application des art. 67, 68 et 69 C. pén. C'est la condamnation infligée au mineur qui est reconnu avoir agi
avec discernement. Il est à remarquer que cette condamnation suppose une faute intentionnelle, dont l'auteur
est déclaré entièrement responsable de ses actes. Bien
plus, elle est parfois infligée à un jeune criminel, dont
le crime est soumis à la juridiction correctionnelle, au
lieu de l'être à la Cour d'assises, en raison de son âge
seulement (C. pén., art. 68 et 69). Il nous semble dan-

gereux de supprimer du bulletin délivré à l'intéressé la mention d'une décision judiciaire aussi grave.

6° « La condamnation avec sursis à un mois ou moins d'emprisonnement avec ou sans amende ». *A fortiori*, la condamnation *conditionnelle* à une simple amende ne doit-elle pas être inscrite au bulletin n° 3. Ainsi la loi du 5 août 1899 modifie la loi du 26 mars 1891, qui n'exemptait de l'inscription sur les bulletins délivrés aux particuliers que les condamnations prescrites par l'expiration du délai de cinq ans. Désormais une condamnation d'un mois ou moins d'un mois d'emprisonnement, avec l'application de la loi Bérenger ne sera inscrite au bulletin n° 3 qu'en cas de survenance, dans le délai de cinq ans, d'une condamnation nouvelle *à une peine autre que l'amende*. (L. 26 mars 1891 art. 4 ; L. 5 août 1899, art. 7). Il y a là encore un danger au point de vue de l'ordre public.

Quand aux condamnations portant sursis à l'emprisonnement, mais non sursis à l'amende, l'amende en sera toujours inscrite au bulletin n° 3 : le texte du 6° ne laisse pas de doute sur ce point et la circulaire du 15 décembre 1899 le décide formellement.

7° « Les déclarations de faillite, si le failli a été déclaré excusable par le tribunal ou a obtenu un concordat homologué, et les déclarations de liquidation judiciaire ».

Ainsi les déclarations de liquidation judiciaire ne doivent jamais être mentionnées au bulletin n° 3. Lors, en effet, qu'elles sont transformées en déclaration de faillite leur mention n'a plus d'utilité.

Quant aux faillites, elles doivent, au contraire, être inscrites sur tout bulletin n° 3 délivré avant la déclaration d'excusabilité ou l'octroi et l'homologation du concordat.

III

TROISIÈME PARTIE. PRESCRIPTION DU CASIER JUDICIAIRE

Art. 8. — Jugements qui cessent d'être inscrits au bulletin n° 3, après l'expiration de certains délais. — Cet article institue, comme nous l'avons exposé, la « prescription du casier judiciaire ». Voyons en quoi consiste cette prescription :

Cessent d'être inscrites au bulletin n° 3.

I° Deux ans après l'expiration de la peine corporelle, la condamnation unique à moins de six jours de prison ou à cette peine jointe à une amende ne dépassant pas 25 francs ; deux ans après qu'elle sera devenue définitive, la condamnation unique à une amende ne dépassant pas 50 francs (art. 5, § 1er, de la loi du 5 août 1899, *modifié par la loi du 11 juillet 1900*). L'art. 8 de la loi de 1899, avant d'être modifié, restreignait singulièrement sa portée par l'adjonction suivante adoptée sur la proposition de M. Thézard : « sauf le cas où ces condamnations entraîneraient une incapacité civile ou politique ». Cette restriction, comme le fit observer M. Bérenger, rapporteur de la commission sénatoriale chargée d'examiner le projet devenu loi du 11 juillet 1900, — cette restriction « avait pour conséquence d'annuler à peu près complètement la disposition principale ». En effet, ses termes, très généraux, comprenaient évidemment l'incapacité d'être juré. Or la loi du 21 novembre 1872, art. 2, § 11, frappe de cette incapacité « les condamnés à un emprisonnement de moins de trois mois, pour quelque délit que ce soit, même pour les délits politiques ou de presse ». Donc, *toutes les condamnations à l'emprisonnement devaient être inscri-*

tes au bulletin n° 3, jusqu'à l'expiration des délais de cinq ans, de dix ans ou de quinze ans, édictés par les §§ 2, 3 et 4 de notre art. 8. Cette conséquence de la restriction apportée à notre paragraphe fut, d'ailleurs, indiquée par la circulaire du 15 décembre 1899, § 41.

Quant aux condamnations à moins de 26 francs d'amende, elles cessaient, pour la plupart, d'être inscrites au bulletin n° 3, *mais il était un certain nombre d'entre elles qui continuaient à y être portées, parce qu'elles entraînaient une incapacité civique et politique.*

Telles étaient : 1° *Les condamnations à l'amende privant de la capacité d'être juré,* c'est-à-dire celles pour abus de confiance ou pour vol (loi du 21 novembre 1872, art. 2, § 5) et les condamnations pour soustraction commises par un dépositaire public (art. 171 du C. P.) ; 2° *les condamnations privant des droits politiques* (décret du 2 février 1852, art. 15) ; 3° *les condamantion privant* à la fois du droit d'être juré et des droits politiques (loi du 21 novembre 1872, art. 2, § 5, décret 2 février 1852, art. 15).

La loi du 11 juillet 1900, en abrogeant la réserve inscrite, sur la proposition de M. Thézard, dans le § 1ᵉʳ de l'article 5, a donc supprimé toute restriction à la prescription du casier, mais elle a doublé le délai de cette prescription pour les condamnations de la première catégorie : d'un an ce délai passe à deux ans.

Une autre modification, en faveur du condamné : celle-ci, concerne le point de départ du délai : au lieu de partir du payement de l'amende, payement qui n'est pas toujours possible, surtout immédiatement, la prescription court désormais du jour de la condamnation devenue définitive ou, en cas d'amende jointe à une peine corporelle, du jour auquel cette peine sera expirée.

Enfin le maximum d'amende prévu par le paragraphe premier a été porté par la loi de 1900 de 25 à 50 francs, l'écart entre l'amende unique de 25 francs et l'emprisonnement de six jours ayant paru « excessif » à la Commission sénatoriale (V. rapport de M. Bérenger, en date du 1er juin 1900).

II. « Cinq ans après l'expiration de la peine corporelle ou le payement de l'amende, la condamnation unique à six mois ou moins de six mois d'emprisonnement, ou à cette peine jointe à une amende ; cinq ans après qu'elles seront devenues définitives, les condamnations à une amende supérieure à cinquante francs ».

Que faut-il entendre par ces mots : « condamnation unique? » Lorsqu'une deuxième condamnation frappe un individu en raison de faits antérieurs à la première, le bulletin n° 3 doit-il mentionner ces deux condamnations même cinq ans après l'expiration de la dernière peine ? Avec M. Le Poittevin (*op. cit.*, p. 51, 52), nous pensons que, la récidive n'existant point, en pareil cas, la « prescription » du casier judiciaire s'accomplit et le bulletin n° 3, après cinq années, doit porter la mention *néant*.

Bien plus, nous estimons, avec le même auteur, qu'il y a lieu d'appliquer ici la jurisprudence relative à la relégation : toutes les condamnations prononcées pour des faits antérieurs au jour auquel la première condamnation est devenue *définitive* sont considérées comme une condamnation au sens de l'art. 8. *Bien entendu, ce sens est le même à l'égard de tous les paragraphes de l'article, la raison d'en décider ainsi étant la même.*

Quant à la peine, si la confusion des peines a été ordonnée par le dernier jugement, la peine la plus forte est seule applicable, aux termes de l'art. 365 C. instr. crim. S'il n'y a pas confusion, les différentes peines s'ajoutent les unes aux autres et doivent être entièrement subies, sans que leur total puisse toutefois excéder le maximum frappant le fait puni de la peine la plus forte.

En ce qui concerne les amendes, elles peuvent être multiples, depuis la loi de 1900, sans que le délai de cinq ans soit allongé. Cette loi est plus favorable au condamné, sur ce point comme sur tant d'autres, que la loi de 1899, dans laquelle les amendes multiples avaient été assimilées aux emprisonnements multiples, malgré les généreux efforts de M. Bérenger, qui a obtenu plein succès, au contraire, en 1900.

III. « Dix ans après l'expiration des peines corporelles, la condamnation unique à une peine de deux ans ou moins de deux ans ou les condamnations multiples dont l'ensemble ne dépasse pas un an ou à des peines jointes à des amendes. »

« Dans le cas de concours de condamnations à des des peines corporelles et de condamnations à des peines pécuniaires, le délai courra du jour où les peines corporelles auront été subies et où les condamnations pécuniaires seront devenues définitives. »

IV. « Quinze ans après l'expiration de la peine corporelle, la condamnation unique, supérieure à deux années d'emprisonnement, ou à cette peine jointe à une amende, le tout sans qu'il soit dérogé à l'article 4 de la loi du 26 mars 1891, sur l'atténuation et l'aggravation des peines. »

Il s'agit, dans cette quatrième catégorie, de toute condamnation correctionnelle ou *criminelle*, dont la peine est d'une durée d'au moins deux ans, que cette peine soit l'emprisonnement ou la réclusion, soit même les travaux forcés ou publics.

« Il ne paraît pas douteux, dit la circulaire du 15 décembre 1890 (§ 42), que l'art. 8, n° 3, s'applique à la peine militaire des travaux publics dont le minimum est de deux ans. »

Les quatre paragraphes que nous venons d'examiner font partir le délai de la prescription du jour de l'expiration de la peine corporelle, mais quant à la peine pécuniaire, la prescription court de l'époque à laquelle cette peine est devenue définitive. Le condamné n'a plus ainsi à justifier du paiement de l'amende, ce qui pouvait lui être impossible.

L'alinéa qui suit le § 4 porte : « Lorsqu'une amende aura été prononcée principalement, ou accessoirement à une autre peine, l'inscription (au casier judiciaire) ne cessera qu'après qu'elle aura été acquittée ou prescrite, à moins que le demandeur ne justifie de son indigence dans la forme prescrite par l'article 420 du code d'instruction criminelle » (1).

Aucune contradiction n'existe entre ces deux alinéas consécutifs. Si le § 4, comme les précédents, fait courir la prescription du jour auquel la condamnation est devenue définitive, la disposition qui les suit et les régit tous exige le payement de l'amende et y subordonne la « prescription » du casier. Cette prescription ne peut donc s'accomplir que s'il y a eu payement ou si l'indigence du condamné est régulièrement établie, mais, dès qu'il y a payement ou indigence, elle s'accomplit, non du jour du payement ou de la constatation d'indigence, mais du jour de l'expiration des délais d'appel ou de cassation, autrement dit du jour auquel la condamnation est devenue définitive.

« L'exécution de la contrainte par corps, dit un autre

---

(1) Cet article est ainsi conçu : « Seront néanmoins dispensées de la (l'amende) consigner :.... 2º les personnes qui joindront à leur demande de cassation : premièrement, un extrait du rôle des contributions constatant qu'elles payent moins de six francs, ou un certificat du percepteur de leur commune, portant qu'elles ne sont point imposées, et deuxièmement, un certificat constatant qu'elles sont, à raison de leur indigence, dans l'impossibilité de consigner l'amende. Ce certificat leur sera délivré par le maire de la commune de leur domicile ou par son adjoint, approuvé par le sous-préfet de l'arrondissement ou, dans l'arrondissement du chef-lieu du département, par le préfet ».

alinéa du même article 8, équivaudra au payement de l'amende ». Il y a là une disposition analogue à celle de l'article 623 du Code d'Inst. crim., en matière de réhabilitation. Cette disposition est des plus équitables, l'incarcération par contrainte étant beaucoup plus dure à subir qu'une peine pécuniaire.

L'alinéa précédent porte : « La remise totale ou partielle par voie de grâce, de l'une ou de l'autre de ces deux peines (corporelle ou pécuniaire) équivaudra à leur exécution totale ou partielle». Ici encore la loi est conforme aux principes du droit et de l'équité. Quant à la libération conditionnelle, elle ne saurait être assimilée à la grâce, le libéré pouvant être réincarcéré, s'il se conduit mal ou ne satisfait pas aux conditions imposées par la libération conditionnelle. C'est ce que remarque justement la circulaire du 15 décembre 1899, § 39.

Elle fait observer, avec non moins de raison qu'il en est de même de la prescription de la peine : « Le texte ne l'a pas expressément visée et on ne saurait procéder par voie d'assimilation ». Mais cette observation n'est plus applicable depuis la loi du 11 juillet 1900, qu'aux condamnations à l'amende non suivies de payement, *de constatation d'indigence ou de contrainte par corps.*

Pour les peines corporelles, cette loi dit formellement : « En cas de prescription de la peine corporelle, les délais (de prescription du casier) commenceront à courir du jour où elle sera acquise ».

Le dernier alinéa de l'article 8 met la preuve de l'inexécution de la peine à la charge du Parquet. *L'exécution se présume donc, jusqu'à preuve contraire.*

Les travaux préparatoires de la loi du 11 juillet 1900 et, entre autres, le discours si clair et si complet de M. Bérenger au Sénat (séance du 15 juin 1899), ne laissent aucun doute sur ce point, non plus que sur ceux que nous avons examinés successivement au cours de la lecture de l'article 8, modifiée par cette loi.

Notre article, dans son § 4, a pris soin de décider que ses dispositions « ne dérogent en rien à l'art. 4 de la loi du 26 mars 1891 sur l'atténuation et l'aggravation des peines ». Cependant, la prescription du casier judiciaire par un ou deux ans déroge, en fait, à cet article, puisqu'il n'est plus besoin d'attendre cinq ans pour cesser d'inscrire la condamnation au casier. On ne peut, en effet, y inscrire les condamnations avec sursis, alors que celles qui sont exécutoires immédiatement n'y seraient pas mentionnées. Les rédacteurs de la loi nouvelle n'ont évidemment pas voulu être plus sévère pour les condamnés conditionnels que pour ceux que les tribunaux ne jugent pas dignes du bénéfice de la loi Bérenger.

Art. 9. — Révocation de la dispense d'inscription par la survenance d'une condamnation à une peine corporelle. — En cas de condamnation ultérieure pour crime ou pour délit à une peine autre que l'amende, le bulletin n° 3 reproduit intégralement les bulletins n° 1, à l'exception des jugements désignés par les §§ 1 à 4 de l'art. 7. Ces jugements sont, comme nous l'avons vu : 1° les acquittements de mineurs pour défaut de discernement, en vertu de l'art. 66 C. pén. ; 2° les condamnations effacées par la réhabilitation ou par l'expiration du délai de cinq ans imparti par l'art. 4 de la loi Bérenger ; 3° les condamnations prononcées par des tribunaux étrangers pour des faits non réprimés par la législation française ; 4° les condamnations pour délits prévus par la loi du 29 juillet 1881 sur la presse (V. sous l'art. 7 les exceptions à cette règle).

Les mots « crime » ou « délit » de l'art. 9 sont pris, comme dans toute la loi du 5 août 1899, au sens le plus large, l'expression « crime » englobant tous les faits punis de peines criminelles (V. C. pén., art. 1er) et le mot « délit », tous les faits correctionnels, y compris les délits contraventionnels : la jurisprudence est maintenant unanime à considérer ces délits comme devant être entièrement assimilés aux délits intentionnels.

Caractère de la « prescription du casier judiciaire ». — La révocation effectuée de plein droit par la survenance d'une condamnation nouvelle fait de la « prescription » du casier judiciaire une prescription très spéciale. En effet, il est de règle qu'une prescription, une fois révolue, est définitive et que rien ne peut rendre l'existence à un fait prescrit. Cédant devant une exigence d'ordre public et d'équité, le législateur a voulu que la prescription libératoire accordée par l'art. 8 fût purement conditionnelle, quel qu'ait été l'intervalle entre la première et la deuxième condamnation. Il donne ainsi au condamné un intérêt matériel à éviter la récidive : avant de retomber dans une faute nouvelle le condamné réfléchira à la nécessité de produire, pour obtenir un emploi rémunérateur, un bulletin n° 3, ne mentionnant aucune condamnation, et il ne voudra pas, même longtemps après sa condamnation, en encourir une seconde qui ferait réapparaître la première sur ce bulletin. Les rédacteurs de la loi du 5 août 1899 ont donc sagement agi en n'identifiant point la prescription du casier judiciaire avec les autres prescriptions. D'ailleurs, il est très juridique de réinscrire au bulletin n° 3 un jugement qui n'est pas prescrit, qui figure toujours au casier judiciaire sous forme de bulletin n° 1 et qui doit être inscrit sur tout bulletin n° 2.

Délivrance et coût des bulletins n° 3. — Toute demande de bulletin n° 3 doit, comme le prescrivait la circulaire du 8 janvier 1890 à l'égard des bulletins n° 2, être adressée au service du casier central ou au procureur de la République de l'arrondissement d'origine du postulant et préciser le motif de la demande (décr. 12 décembre 1899, art. 9). Elle doit indiquer le lieu et la date précise de la naissance, les noms et prénoms des père et mère du postulant. Si ce dernier ne sait signer, le fait est constaté par le maire ou le commissaire de police de sa résidence, « qui attestent en même temps, que la demande est faite sur l'initiative de l'intéressé (décr. 12 décembre 1899, art. 10) ».

La légalisation de la signature n'est pas exigée. « On a pensé, dit la circulaire du 15 décembre 1899, que cette formalité, à coup sûr utile, pourrait occasionner des retards et des déplacements assez onéreux et préjudiciables, notamment à ceux qui ont besoin d'obtenir rapidement l'extrait de leur casier judiciaire pour se procurer à bref délai du travail ou un emploi. » (§ 48.)

La loi du 28 avril 1893, art. 37, a dispensé du droit de timbre les demandes d'extrait du casier judiciaire. Elles peuvent donc être faites, par lettre, sur papier libre. Elles doivent être accompagnées de la remise du prix de l'extrait au greffe ou d'un mandat-poste de 1 fr. 25, montant du coût de l'extrait (art. 12 du décret précité), et, s'il y a lieu, de 0 fr. 15, pour frais d'envoi par la poste. Un décret du 7 juin 1900, *J. off*. du 9 complétant celui du 12 décembre 1899 a réduit ce droit à 0 fr. 25 ; pour toute personne sollicitant son hospitalisation dans un établissement pnblic d'assistance.

« Lorsqu'il n'existe pas au casier judiciaire de bulletins n° 1 ou lorsque les mentions que portent les bulletins n° 1 ne doivent pas être inscrites sur le bulletin n° 3, ce bulletin est oblitéré par une barre transversale (décret précité, art. 11). » Comme le fait observer la circulaire du 15 décembre 1899 (§ 49), « la formule *néant*, établie par l'art. 4, § 5, de la loi pour les bulletins n° 2 ne pouvait trouver ici son application puisqu'elle signifie qu'il n'existe pas de bulletin n° 1 au casier judiciaire et, par suite, aurait été souvent, en ce qui concerne le bulletin n° 3, contraire à la vérité ».

QUATRIÈME PARTIE

Art. 10. — *Réhabilitation de plein droit.* — L'art. 10 contient une des deux réformes les plus importantes de la loi du 5 août 1899. Il institue et organise une réhabilitation s'effectuant par prescription, sans enquête ni décision judiciaire. C'est là une innovation admirable qui constitue pour son auteur, M. Bérenger, un nouveau titre à la reconnaissance des philanthropes et des condamnés régénérés. En effet, la loi du 14 août 1885 avait bien simplifié les formalités imposées au demandeur en réhabilitation et avait, en même temps, assuré l'examen approfondi et impartial de sa demande en confiant cet examen à la Cour d'appel, mais elle obligeait le condamné à rappeler lui-même l'attention publique sur sa faute passée. Or, il est certain, et de nombreux faits cités par M. Bérenger devant le Sénat en font foi, qu'un condamné qui a changé de résidence après sa condamnation a un intérêt non seulement moral, mais matériel, à cacher cette faute ancienne, dont la révélation pourrait ruiner une situation prospère, acquise par le demandeur au prix d'un travail acharné et d'une honnêteté irréprochable. Une réforme s'imposait donc, mais dans le sein de la commission sénatoriale où elle était proposée par M. Bérenger, on objecta, d'abord, qu'elle devait être faite par une loi spéciale, concernant la réhabilitation et non par une loi relative au casier judiciaire. D'autres objections étaient également opposées au projet de l'honorable sénateur, projet accepté par le gouvernement. Ces objections étaient ainsi réunies dans le rapport (p. 17) présenté au Sénat par M. Jules Godin :
« L'adoption de ce principe (la réhabilitation de droit) n'est pas cependant sans soulever des objections sérieuses. La principale est tirée de ce fait qu'il place au

même niveau le condamné qui réforme sa conduite et fait un effort pour obtenir sa réhabilitation et celui qui continue une existence condamnable sans aller jusqu'à commettre un nouveau délit. On fait observer également que la réhabilitation de droit rendra inutile la procédure de réhabilitation et affaiblira le sentiment de la nécessité d'une bonne conduite pour arriver à faire effacer une condamnation prononcée. Sur ce second point, le gouvernement, qui s'est rallié à la proposition de M. Bérenger, a fait remarquer que la longueur même des délais impartis pour arriver à la réhabilitation de droit laisse à la réhabilitation volontaire tous ses avantages ».

Des motifs juridiques et des raisons de haute pitié déterminèrent la commission sénatoriale, plus le parlement à instituer la réhabilitation de plein droit. Motifs et raisons étaient exposés en ces termes éloquents par le rapport (p. 17, 18) de M. Godin : « D'ailleurs, en principe, est-il bien conforme à notre droit pénal actuel de laisser un condamné pendant toute son existence sous le coup de l'effet moral et des conséquences juridiques d'une condamnation temporaire ? Cette question a une importance toute particulière, car elle touche aux principes généraux de notre droit criminel.

« Nous ne voulons ici que poser le problème, en faisant remarquer que la justice humaine n'est pas une justice absolue. Elle a frappé un coupable d'une pénalité déterminée dont l'effet est limité à un certain temps, tant de jours ou tant de mois de prison. De cette pénalité découlent des conséquences juridiques, des incapacités. L'intérêt social et la justice exigent-ils que le condamné frappé d'une peine temporaire soit, en même temps, frappé d'une condamnation accessoire qui ait un caractère perpétuel et reste attachée à sa personne pendant toute la durée sa vie ? N'est-ce pas dépasser la mesure et n'y a-t-il pas lieu de limiter dans le temps ces

effets comme on a limité la condamnation elle-même ?
Le gouvernement et la majorité de votre commission se
sont ralliés à cette idée en faisant remarquer d'ailleurs
que la garantie de la société est dans le délai même
exigé pour arriver à cette réhabilitation.

Effets de la réhabilitation de plein droit. — A l'égal
de la réhabilitation judiciaire, la réhabilitation de plein
droit efface les condamnations qui lui sont antérieures.
Non seulement donc ces condamnations ne peuvent plus
être exécutées, mais elles ne comptent plus pour la récidive en cas de condamnation ultérieure.

Délais de réhabilitation. — Les délais sont :

1° De dix ans, dans le cas prévu par l'art. 8, § 1 et 2,
c'est-à-dire : *a* (§ 1er) soit après condamnation unique à
moins de six jours d'emprisonnement ou à cette peine
jointe à une amende n'excédant pas 25 francs, soit après
une condamnation unique ne dépassant pas 50 fr. ;
b (§ 2) soit après une condamnation unique à six mois
ou moins de six mois de prison ou à cette peine jointe
à une amende, soit après des condamnations à une
amende supérieure à 50 fr.

2° De quinze ans, « dans le cas prévu par l'art. 8,
§ 3 », par conséquent : soit en cas de condamnation
unique à une peine de deux ans ou moins de deux ans,
soit en cas de condamnations multiples dont l'ensemble ne dépasse pas un an, soit à des peines jointes à des
amendes.

3° De vingt ans, « dans le cas prévu par l'art. 8, § 4, »
autrement dit, dans l'hypothèse de la condamnation
unique supérieure à deux années d'emprisonnement.

Contestations portant sur les articles 7, 8 et 9 (Art. 15).
L'article 2 de la loi du 11 juillet 1900, ajoutant un article 15 à la loi du 5 août 1899, décide qu' « en cas de
contestation sur la réhabilitation de droit, ou de difficultés soulevées par l'application des articles 7, 8 et 9

de la présente loi ou par l'interprétation d'une loi d'amnistie, dans les termes de l'article 2, § 2, l'intéressé pourra s'adresser au tribunal correctionnel du lieu de son domicile ou à celui du lieu de sa naissance, suivant les formes et la procédure prescrites » par l'article 14 que nous allons étudier. Les débats et le jugement ont lieu en chambre du conseil, sur rapport d'un juge et le ministère public entendu.

CINQUIÈME PARTIE

ART. 11 et 12. — *Fraudes portant sur le casier judiciaire.* — L'art. 11 prévoit et réprime trois fraudes :

1° L'usurpation du nom d'une personne déterminant ou pouvant déterminer l'inscription, au casier de cette personne, d'une condamnation prononcée contre l'usurpateur. Ce délit, nouveau en législation, mais déjà ancien de la part des malfaiteurs, est puni d'une peine de six mois à cinq années d'emprisonnement, « sans préjudice, dit le § 1er, des poursuites à exercer pour le crime de faux, s'il y échet. » On sait que cette réserve donna lieu au Sénat (séance du 7 mars 1899) à une observation de M. Lebret, Garde des sceaux, qui fit remarquer que l'usurpation de nom constituait en elle-même un faux et que si ce faux venait, comme l'objectait M. Thézard, à être « accompagné d'un autre faux caractérisé », il ne pouvait être correctionnalisé, ainsi que le comportait la peine édictée par la disposition nouvelle et « faire, en même temps, l'objet d'une poursuite criminelle ». L'observation était juste, car la rédaction de ce § 1er de l'art. 11 est ambiguë. M. Jules Godin y répondait que l'usurpateur de nom pouvait avoir commis d'autres faux que cette usurpation, par exemple, avoir fabriqué, contrefait ou altéré des pièces d'état civil. En pareil cas, une poursuite criminelle pour faux est réservée par l'art. **11**. Les mots « sans préjudice des poursuites à exercer pour le crime de faux » n'ont pas d'autre sens.

La loi du 5 août 1899 exigeait, pour qu'il y eût délit, que l'usurpation de nom eût « déterminé » l'inscription d'une condamnation au casier d'un tiers. La loi du **11** juillet 1900 a supprimé cette exigence et au mot « déterminé » a joint ceux de « ou auraient pu déterminer ». Dans son rapport du 1er juin 1900, M. Bérenger a montré l'intérêt pratique de cette adjonction : « Il arrive, dit-il, que la fraude peut être découverte avant que l'inscription n'ait été faite. La culpabililé du prévenu n'en est pas moins la même et une répression doit l'atteindre. La poursuite ne pourrait cependant avoir lieu, ou bien elle ne pourrait être requise que sous l'inculpation de faux, ce qui produirait cette anomalie que la tentative serait frappée d'une peine plus rigoureuse que le fait réalisé ».

Le § 1er de l'art. **11** n'atteint pas l'usage d'un nom imaginaire. Le rapport de M. Godin le dit formellement en ces termes : « La première condition d'existence du délit est que le nom adopté soit celui d'une personne existant réellement. Votre commission a pensé en effet, et le gouvernement s'est rallié à ce sentiment, que le fait seul de prendre dans une poursuite un nom imaginaire ne pourrait constituer un fait criminel. C'est de la part du malfaiteur un effort, un moyen pour tromper la justice, mais l'emploi de ce moyen ne saurait constituer par lui-même un délit ».

2° Les fausses déclarations relatives à l'état civil d'un inculpé, déterminant, sciemment, l'inscription d'une condamnation sur le casier judiciaire d'un autre que cet inculpé. Elles sont punies de la peine portée au paragraphe précédent. A la différence du § 1er, qui comble une lacune du droit pénal en réprimant un délit trop fréquent, ce § 2 ne constitue pas une innovation ; l'aide et l'assistance données à l'auteur d'un délit sont punies par l'art. 60 C. pén. comme des faits de complicité de ce délit.

3° L'emploi d'un faux nom ou d'une fausse qualité ayant pour effet d'obtenir un bulletin n° 3 applicable à un tiers. La simple tentative n'est pas prévue.

Ce délit est frappé d'un mois à un an de prison par le nouvel art. 12. Il est, comme le délit du § 1er de l'art. 11, une heureuse réforme législative, car le fait qui le constitue était, dès avant la promulgation de la loi, d'un usage constant chez les récidivistes : lorsqu'ils ne pouvaient se procurer les papiers d'un tiers, ils faisaient une demande, signée faussement du nom de ce tiers, pour obtenir un extrait du casier le concernant et portant la mention *néant* ou quelque condamnation peu grave. En outre, le nouvel art. 12 protège les condamnés contre toute indiscrétion. « Du moment, dit le rapport de M. Godin, où on maintenait la clandestinité du casier, en dehors des cas spécialement exceptés par la loi, il était nécessaire d'établir une sanction et de protéger les simples particuliers contre ceux qui, dans un but quelconque, chercheraient, par des moyens frauduleux, à se procurer l'extrait du casier judiciaire d'une personne déterminée »

Le deuxième alinéa de l'art. 12 autorise l'application des circonstances atténuantes à tous les délits prévus par cet article.

SIXIÈME PARTIE

Application de la loi notamment aux colonies et pays de protectorat. — Une application de la loi à l'Algérie a été faite par le décret du 29 janvier 1900, modifié, après l'adoption de la loi du 11 juillet 1900, par le décret du 24 juillet 1900 (*J. off.* du 29 juillet).

Quant à la réglementation prévue par l'art. 13, elle est contenue dans le décret du 12 décembre 1899, placé en tête de ce « commentaire » (v. p. 7). Nous avons analysé ce décret dans ses diverses dispositions.

SEPTIÈME PARTIE

ART. 14, 15 et 16. — *Rectification du casier judiciaire.* — Avant la loi du 5 août 1899, les erreurs du casier judiciaire pouvaient être, comme aujourd'hui, rectifiées par un jugement du tribunal oude la Cour qui avait prononcé la condamnation du réclamant. Mais la jurisprudence avait, depuis un arrêt rendu par la Cour de Dijon le 31 mars 1875 (S. 75. 2. 140, D. P. 76. 2. 32), décidé que cette juridiction ne pouvait être saisie que par le ministère public et devait statuer en audience correctionnelle.

Tout en maintenant par son alin. 7 au ministère public le droit d'introduire une demande en rectification de casier judiciaire, l'art. 14 l'oblige à user des formes de la procédure civile et autorise, par ses alinéas précédents, l'intéressé lui-même à saisir directement le tribunal ou la Cour qui l'a condamné, mais à le saisir dans les mêmes formes, c'est-à-dire par voie de requête adressée au président de ce tribunal ou au premier président de cette Cour. Ce magistrat, à son tour, fait rapport, ou charge un de ses subordonnés de faire rapport sur la requête devant une chambre civile de sa Cour ou de son tribunal, après « communication » au parquet qui « conclut » à l'audience et ne « requiert » pas. Par conséquent, la procédure est purement *civile*. Il est vrai que la loi du 11 juillet 1899 a, dans un deuxième alinéa qu'elle ajoute à l'article 14, chargé la chambre des appels correctionnels de statuer sur la demande en rectification formée contre une décision de Cour d'assises, mais l'article 16 de la loi nouvelle fait débattre et juger les instances prévues par les articles 14 et 15 en la chambre du conseil, « sur le rapport du magistrat commis et le ministère public entendu ». C'est donc en chambre du canseil et sous la forme d'une juridiction civile que la chambre correctionnelle de la cour discutera et statuera sur la requête. Mais c'est la juridiction répressive qui statue et non le tribunal civil.

Procédure. — Cette procédure ne peut être ouverte que par une requête : l'art. 14 est formel. Une assignation ne pourrait donc remplacer la requête et ce n'est pas sans motif, car la procédure sur requête est la plus rapide et la moins coûteuse.

La requête est toujours adressée au président de la juridiction qui a prononcé la décision inscrite au casier (art. 14), que cette juridiction soit une cour d'assise, une cour d'appel ou un tribunal. « En cas de contestation sur la réhabilitation de droit, ou de difficultés soulevées par l'application des articles 7, 8 et 9 de la présente loi, ou par l'interprétation d'une loi d'anmistie dans les termes de l'art. 2, § 2 », l'intéressé s'adressera « au tribunal correctionnel du lieu de son domicile ou à celui du lieu de sa naissance (art. 15 de la loi du 11 juillet 1900) » ; mais il ne pourra jamais s'adresser au tribunal civil.

La requête est communiquée au ministère public, qui la vise, et remise au juge ou conseiller rapporteur qui doit, conformément à la règle de la procédure civile, faire le rapport à la plus prochaine audience publique. Le tribunal ou la Cour statue à cette audience, après avoir entendu le ministère public en ses conclusions. Le tribunal peut ordonner au demandeur d'assigner la personne qui s'est fait condamner sous le nom du demandeur. En pareil cas, il sera utile de fixer l'audience à laquelle comparaîtra le condamné sur cette assignation, afin de ne pas laisser retarder par la négligence du demandeur le jugement d'une cause qui intéresse éminemment l'ordre public, puisqu'elle a pour objet l'examen d'une fraude, réprimée par les art. 11 et 12 ou une contestation sur la réhabilitation de droit (V. art. 15).

V. *Conclusion.* — *Principes fondamentaux des lois du 5 août 1899 et du 11 juillet 1900.* — Ayant examiné en particulier chaque article des deux lois nouvelles, nous en connaissons assez les dispositions pour en dégager les principes. Nous savons, d'abord, qu'elles sont fondées sur la publicité du casier judiciaire. Elles l'instituent légalement, tout en restreignant la publicité antérieure.

Cette restriction est une autre base de ces lois. Non seulement la publicité est restreinte par elles à l'intéressé, comme sous le régime des circulaires, mais elle l'est, quant au nombre même des condamnations, à celles que le législateur a présumées les plus graves et les seules dangereuses pour l'ordre social. Cette nouvelle restriction est elle-même fondée sur un troisième principe : la peine édictée détermine l'inscription au bulletin n° 3 et, par suite, la publicité du casier. Ce principe est celui du Code pénal, qui a, dans son art. 1er, divisé les infractions suivant la nature des peines qui les punissent et a, par suite, attribué compétence aux trois degrés de juridictions répressives instituées par le Code d'instruction criminelle, non d'après la gravité des infractions, mais en ne tenant compte que du caractère de ces peines.

Au congrès international pénitentiaire de Paris, avec MM. Canonico, président à la Cour de cassation romaine ; Pascaud, conseiller à la Cour de Chambéry ; Dubois, juge à Baugé ; Prins, inspecteur général des prisons de

Belgique ; Jaspar, avocat à Bruxelles ; Descamps, substitut à Tournai, nous avons, après les jurisconsultes Rossi, Tissot, Boitard, Lucas, Lerminier, demandé que la compétence des divers degrés de juridiction répressive ne fût pas déterminée par la peine, mais par la nature de l'infraction. Nous croyons de même que le caractère de la faute, seul, devrait motiver l'inscription au bulletin nº 3. Sans doute, l'importance de la peine a été proportionnée par le législateur à la gravité du délit ; mais en ne prenant pour criterium que la peine, on néglige la cause qui en a déterminé l'application. Il en résulte que la loi du 5 août 1899 dispense d'inscription au casier, après certains délais, toutes les condamnations à des peines légères, quels que soient les faits qu'ont réprimés ces condamnations. Ainsi, le vol, l'escroquerie, l'abus de confiance, l'outrage public à la pudeur, l'excitation de mineurs à la débauche, malgré le caractère immoral de ces délits, ne figurent plus, à l'expiration des délais de l'art. 8, à l'extrait du casier délivré aux condamnés, lorsque les peines qui les frappent sont inférieures aux taux fixés par cet art. 8.

La loi du 27 mai 1885 sur les récidivistes était mieux inspirée en choisissant précisément ces délits pour causes de relégation et en les assimilant, dans une certaine mesure, aux crimes proprement dits.

N'est-il pas dangereux de permettre à un voleur, à un escroc, à un impudique, à un proxénète, de montrer un bulletin négatif du casier judiciaire, alors qu'une condamnation l'a réellement frappé pour un ou plusieurs délits que réprouve la morale de tous les temps et de tous les peuples civilisés. Le danger s'accroît par l'application du § 3 de l'art. 8, dispensant d'inscription les condamnations « multiples » dont l'ensemble ne dépasse pas un an. Un voleur ou un maniaque lubrique, frappé de condamnations à des peines successives dont l'ensemble n'excède pas un an, peut, au bout de dix années, présenter aux personnes ou aux administrations dont il sollicite un emploi, un bulletin complètement pur de condamnation. Quelle confiance aura-t-on désormais dans le casier, et combien étaient fondées les observations présentées au Sénat par le Garde des sceaux et par M. Guibourd de Luzinais? Comme eux, nous estimons que l'art. 8 devrait énumérer les *infractions* pouvant disparaître, après un certain temps, de l'extrait délivré au condamné et que les délits vraiment immoraux devraient figurer sur cet extrait jusqu'à l'accomplissement de la réhabilitation.

A. BERLET,
Procureur de la République à Baugé.

Août 1900.

TABLE DES MATIÈRES

	Pages
Loi du 5 août 1899	1
Décret du 12 décembre 1899	7
Circulaire du 15 avril 1899	12
Loi du 11 juillet 1900	41
Commentaire des deux lois	47
Chapitre premier. — Historique et utilité du casier judiciaire	47
Chapitre II. — Inconvénients du casier	50
Chapitre III. — Travaux préparatoires de la loi du 5 août 1899	52
§ 1. Commission extra-parlementaire	52
§ 2. Examen par le Conseil d'Etat	53
§ 3. Examen par le Sénat	59
A) Travaux de la Commission sénatoriale	59
B) Première délibération (8 juillet 1898, 8 et 9 décembre 1898)	59
C) Deuxième délibération (7 mars 1899)	97
§ 4. Examen du projet de loi par la Chambre des Députés	118
Chapitre IV. — Travaux préparatoires de la loi du 11 juillet 1900	119
Chapitre V. — Economie des lois du 5 août 1899 et du 11 juillet 1900	135
Première partie (Articles 1 a 5 de la loi du 5 août 1899) : bulletins nº 1 et 2	136
Bulletin nº 2	150
Force probante des bulletins nº 2	158
Deuxième partie (Articles 6 et 7) : Bulletins nº 3	162
Troisième partie (Articles 8 et 9) : Prescription du casier judiciaire	166
Caractère de cette prescription. Sa révocation	172
Délivrance et coût des bulletins nº 3	172

QUATRIÈME PARTIE (Article 10)......................... 175

Article 15 nouveau : Contestations portant sur les articles 7, 8 et 9.......................... 177

CINQUIÈME PARTIE. Répression des fraudes communes en matière de casier judiciaire (Art. 11 et 12)....... 178

SIXIÈME PARTIE : Application de la loi notamment aux colonies et pays de protectorat (Art. 13).......... 180

SEPTIÈME PARTIE : Procédures en rectification du casier judiciaire et autres contestations sur le casier ou la réhabilitation de droit (Articles 14, 15 et 16)....... 181

Conclusions. Principes fondamentaux des lois des 5 août 1899 et 11 juillet 1900 183

Laval. — Imprimerie parisienne, L. BARNÉOUD & Cⁱᵉ.